Albrecht von Lucke

Die gefährdete Republik

Von Bonn nach Berlin. 1949–1989–2009

Verlag Klaus Wagenbach Berlin

Wagenbachs Taschenbuch 605
Originalausgabe

Politik bei Wagenbach wird von Patrizia Nanz herausgegeben.

Umschlaggestaltung/Reihenkonzept: Julie August, Berlin. Gesetzt aus der Meridien und der Imago. Vorsatzpapier von peyer graphic gmbh, Leonberg. Gedruckt auf chlor- und säurefreiem Papier (Schleipen) und gebunden bei Pustet, Regensburg. Printed in Germany.

ISBN: 978 3 8031 2605 4

Inhalt

I. Bonn war nicht Weimar – was ist Berlin?

»Bonn ist nicht Weimar« – kein anderes Zitat wurde so oft zur Charakterisierung der alten Bundesrepublik herangezogen wie dieses alsbald geflügelte Wort des Schweizer Publizisten Fritz René Allemann aus dem Jahre 1956. Es wurde gleichsam zur Metapher und Chiffre für den entschiedenen Bruch der Bonner Republik mit den militaristischen, antidemokratischen Traditionen des Wilhelminismus, die die Weimarer Republik so dramatisch belastet und letztlich zum Dritten Reich geführt hatten.

Weimar scheiterte nach knapp fünfzehn Jahren als Republik ohne Republikaner. Die Bonner Republik hingegen bestand an ihrem Ende, im Jahr des Umzugs nach Berlin 1999, wenn schon nicht aus reinen Verfassungspatrioten, so aber doch aus einer Bevölkerung, die mit der soeben fünfzig Jahre alt gewordenen provisorischen Verfassung namens Grundgesetz ziemlich im Reinen und durchaus stolz auf ihre Bundesrepublik war.

Dabei war zu Beginn der Republik gerade von konservativen Kräften die Verfassung keineswegs immer in Ehren gehalten worden. Schließlich könne man »nicht ständig mit dem Grundgesetz unter dem Arm herumlaufen«, so der damalige Bundesinnenminister Hermann Höcherl.[1] Und in späteren Jahren wurde die FDGO, die freiheitlich-demokratische Grundordnung, zeitweilig auch von links eher mit verächtlichem Unterton zitiert.

Insofern geht es reichlich fehl, wenn gegenwärtig zunehmend der Eindruck erweckt wird, es habe sich bei der Bonner Republik von Anfang an um eine Erfolgsgeschichte gehandelt. Während die DDR von Beginn an zum Scheitern verurteilt gewesen sei, mutiert die Bundesrepublik des Jahres 1949 in der gängigen Lesart regelrecht zum gelobten Land. Währungswunder, Wirtschaftswunder, Wachstumswunder, Verbände- und Parteienwunder: die junge Republik als demokratische Wundertüte.

Zwanzig Jahre nach 1989 erscheint der alte westdeutsche Teilstaat als bis heute weitgehend unveränderter Sieger der Geschichte. Diese eigentlich zutiefst westdeutsche Lesart einer gleichsam von Beginn an perfekten Demokratie hat erstaunlicherweise in einer Ostdeutschen ihre prominenteste Protagonistin gefunden, nämlich in der Bundeskanzlerin. Die damalige Oppositionsführerin Angela Merkel behauptete am 17. Januar 2001 im Bundestag: »Unser Staat, die Bundesrepublik Deutschland, ist seit 1949 ununterbrochen eine freiheitliche, solidarische, weltoffene Republik, auf die wir stolz sein können.«[2]

Hier artikuliert sich eine erstaunliche Institutionengläubigkeit, die von den Personen und Mentalitäten des Jahres 1949 völlig absieht. Tatsächlich ist die Bonner Republik als »geglückte Demokratie«[3] jedoch nur prozesshaft, als fortgesetzte mentale Demokratisierung zu begreifen.

Dass die Bildung dieses Staates gelingen würde, war keineswegs von Anfang an ausgemacht. Auf der einen Seite gab es in der Tat einschneidende, vor allem institutionelle Neuerungen, auf der anderen Seite aber erhebliche mentale Kontinuitäten. Das 1948 im Parlamentarischen Rat von Grund auf erneuerte rechtsstaatliche Institutionengefüge war das eine, die anfänglich fehlende und erst allmählich heranreifende demokratische Gesinnung das andere. Die Menschen waren schließlich nicht von heute auf morgen andere geworden – und so hielten 1948 noch 57 Prozent der Befragten den Nationalsozialismus für eine »gute Sache, die nur schlecht gemacht worden ist«.[4] Bei ihrem Bedürfnis nach

Verdrängung der jüngsten Vergangenheit konnten sie sich des Verständnisses ihres Kanzlers stets gewiss sein. »Wat soll diese Nazi-Schnüffelei?«, lautete die Adenauersche Devise.

»Erfolgsmodell Bundesrepublik«

Die gegenwärtig verbreitete Neigung, das »Erfolgsmodell Bundesrepublik« zu begreifen als angeblich »fugendichte Normalität dessen, was sich nun einmal durchgesetzt hat«[5], zeugt von einer erstaunlichen Selbstgefälligkeit. Jenes stark westdeutsch gefärbte Siegergebaren verkennt jedoch notwendigerweise eines: Die Labilität, die dem Unternehmen Bundesrepublik von Beginn an eingeschrieben war, bleibt weiter virulent. Die latente Gefährdung der Demokratie ist – allen Erfahrungen der vergangenen sechzig Jahre zum Trotz – geblieben. Zu Recht stellte Altbundeskanzler Helmut Schmidt, besonderen Alarmismus' keineswegs verdächtig, jüngst ganz im Einklang mit dem Philosophen Jürgen Habermas fest: »Wir bleiben eine gefährdete Nation«.[6]

Wenn wir uns dessen nicht vergewissern, was gerade den Erfolg der Bonner Republik ausmachte, werden wir ihn deshalb in Zukunft kaum sichern können. Gerade auch die ideellen Gründe des Erfolges müssen dabei genau in Visier genommen werden. Denn die politische Kultur eines Landes wird nicht nur durch Institutionen und materielle Gegebenheiten geprägt, sondern auch – und nicht zuletzt – durch die demokratische Gesinnung seiner Bürger.

Schon auf den ersten Blick zeigt sich hier ein gravierender Unterschied zwischen der alten Bundesrepublik vor und jener nach 1989: Die Bonner Republik war stets von der Sorge begleitet, dass sie scheitern könne. Von Anfang an gab es berechtigte Zweifel an ihrer politischen Kultur, ihrer demokratischen Substanz.

Alfred Andersch, Walter Dirks, Eugen Kogon, Erich Kuby, Hans Werner Richter, Gerhard Szczesny – das sind nur einige Namen jener heute fast vergessenen großen Publizisten, die nach 1945 restaurative Tendenzen und eine Wiederkehr rechtsradikaler Umtriebe fürchteten. Und diese Sorge ließ zunächst keineswegs nach. »Wohin treibt die Bundesrepublik?«, fragte der Philosoph Karl Jaspers noch Mitte der sechziger Jahre[7]. Keine zwanzig Jahre nach dem Zivilisationsbruch fürchtete er wie viele andere einen Rückfall in den autoritären Staat. Und der Historiker Karl Dietrich Bracher, Autor des epochalen Werkes über *Die Auflösung der Weimarer Republik* schrieb nach der Ermordung Benno Ohnesorgs am 2. Juni 1967 gar einen Artikel unter der sorgenvollen Überschrift »Wird Bonn doch Weimar?«

»Bonn darf nicht Weimar werden«, dieses Credo, das die verschiedenen Parteien einte, war Grundkonstante der geistigen Verfassung der Bonner Republik. *Der Weimar-Komplex* war für sie im positiven Sinne konstitutiv.[8] Die Bundesrepublik wurde erst unter diesem Vorzeichen von einer verordneten zu einer »erstrittenen Demokratie«.[9]

Neue Lage, neue Gefährdungen

Doch die Bonner Zeiten sind vorbei. Seit 1999 wird die deutsche Politik wieder in Berlin gemacht. Erstmalig regiert mit Angela Merkel ein originäres Kind der DDR dieses Land. Sie ist das wohl sichtbarste personelle Symbol für die Veränderung der Bundesrepublik in den vergangenen zwanzig Jahren.

Stärker reflektiert werden zumeist nur die institutionellen Veränderungen, insbesondere das Schrumpfen der einstigen Großorganisationen (Kirchen, Gewerkschaften, Wirtschaftsverbände) und der Zerfall der beiden Volksparteien. Tatsächlich sind aus den einstigen großen Lagerparteien CDU und SPD heute Allerweltsparteien geworden, die kaum mehr einen politischen Unterschied erkennen lassen und damit ihre Wirkmacht als Integrationsparteien zusehends verlieren.

Während sie um das gleiche, fortwährend schrumpfende Stimmenpotential in der zunehmend inhomogener werdenden Mitte kämpfen, erodieren die Ränder. Auf diese Weise ist aus dem einstigen Drei- inzwischen ein Fünf-Parteien-System geworden, das die für die Bonner Republik kennzeichnenden kleinen Koalitionen aus einer großen und einer kleineren Partei immer schwieriger macht.

Neben diesen strukturellen Veränderungen hat sich in den vergangenen zwanzig Jahren jedoch vor allem die geistige Verfassung der Republik erheblich verändert. Daraus resultieren neue Gefährdungen.

Republik ohne Krisenbewusstsein

Eine erste, keineswegs unerhebliche Gefahr besteht in dem verminderten Krisenbewusstsein. War die alte Bundesrepublik, nicht nur an ihrem Anfang, sondern noch zur Zeit der großen Proteste von Ende der sechziger bis Mitte der achtziger Jahre, mit Krisenempfinden manchmal überversorgt, ist sie heute eher unterversorgt. Das zeigt sich auch an der erstaunlichen Lethargie der Bevölkerung angesichts der globalen Wirtschaftskrise, die von manchen Beobachtern als heroische Unaufgeregtheit geadelt wird. Tatsächlich findet kaum ein grundsätzlicher Diskurs über die bestehenden Risiken und Gefahren statt – und noch weniger über die Ziele dieses Landes.

Dabei sind die akuten Gefährdungen der Demokratie in den vergangenen zwei Jahrzehnten alles andere als geringer geworden. Der demokratisch-republikanische Zusammenhalt im Lande wird sichtbar dünner. In einem Klima zunehmender Entpolitisierung erleben wir die Renaissance neualter Polarisierungen, Spaltungen und Verfeindungen. Damit stehen zwei der wohl größten Errungenschaften der Bonner Republik erneut auf dem Spiel: der gesellschaftliche Frieden zwischen vormals hochgradig verfeindeten Bevölkerungsgruppen und das verfassungspatriotische Verhältnis zur eigenen Republik.

Die alte Bundesrepublik konnte nur deshalb so erfolgreich sein, weil ihr eine gewaltige Integrationsleistung gelang: angefangen von der, wenn auch keineswegs immer sehr freundlichen, Aufnahme von Millionen Flüchtlingen aus den deutschen Ostgebieten über die heute fast vergessene Überwindung der konfessionellen Spaltung – engere Sozialkontakte, gar Ehen waren zwischen evangelischen und katholischen Christen in den fünfziger und sechziger Jahren noch fast unmöglich – bis hin zur neuen korporatistischen Sozialpartnerschaft zwischen Kapitalbesitzern und Arbeitnehmern.

Um jedoch zu begreifen, worin die aktuellen Gefahren genau bestehen, kommt es darauf an, zwei Fragen nachzugehen: Woraus genau erwuchs der Erfolg der Bonner Republik? Und welches sind die größten Veränderungen in der Berliner Republik?

II. Im Niemandsland der Berliner Republik: Das Comeback der Nation

Als der Bundestag am 19. April 1999 im Berliner Reichstagsgebäude seine Arbeit aufnahm und damit die Bonner Republik offiziell beendete – just zum 50. Jahrestag der Gründung der Bundesrepublik und ihrer Verfassung –, war viel vom Anbruch einer neuen, anderen, eben der Berliner Republik die Rede. Bereits 1995 hatte Jürgen Habermas seine gesellschaftspolitischen Essays mit *Die Normalität einer Berliner Republik* überschrieben[10] und im selben Jahr erschien die *Begründung der Berliner Republik*, das viel beachtete Buch des national-konservativen Journalisten Johannes Gross.[11]

Beim Blick auf den heutigen Sprachgebrauch kommt man jedoch zu einem eigentümlichen Befund: Obschon die Politik wieder in Berlin gemacht wird, wird der Begriff der Berliner Republik zur Gegenwartsbeschreibung kaum noch herangezogen. Schon als sich 2004 der Umzug des Bundestages zum fünften Mal jährte, blieb die Feier aus. Die Berliner Republik scheint es, kaum dass sie begonnen hat, schon nicht mehr zu geben.

Berlin als Projektionsfläche und Chiffre

Tatsächlich wurde der vormalige Intellektuellen-Diskurs über die Berliner Republik mit dem schwarz-rot-goldenen Fahnenmeer der Fußball-WM 2006 quasi vom Kopf auf die Füße gestellt. Aus der Bonner Republik wurde nicht die Berliner Republik, sondern aus der Bundesrepublik wurde Deutschland. Die Metapher der Berliner Republik, die ein

Phänomen des Feuilletons geblieben ist, erweist sich im Nachhinein als Übergangserscheinung.

Dies muss zunächst nicht sonderlich irritieren oder gar Anlass zu besonderer Sorge sein. Denn von Anfang an war die Berliner Republik eine Verheißungsvokabel, die sich mit dem Ende der Ära Bonn und den dadurch evozierten Erwartungen an ein anderes Danach verband. Die Berliner Republik fungierte als Projektionsfläche und Chiffre für höchst diffuse Hoffnungen, von rechts wie von links. Gerade aufgrund dieser Unbestimmtheit avancierte der Begriff zum Signum des Kommenden, des bloß Geahnten und einer ersehnten neuen Zeit. Dass diese Projektionsmetapher nach vollzogenem Ortswechsel an Reiz verlieren würde, war insofern nicht verwunderlich.

Der Verlust der Republik

Beunruhigen muss etwas anderes: Dass auch der Begriff der Republik, ob in seiner Bonner oder Berliner Verfassung, kaum noch Verwendung findet, ist mehr als ein Zufall. Dies zeugt von einer eigenartigen Veränderung des politischen Zeitgeistes.

Pointiert gesagt: Wir haben die Republik verloren. Zumindest scheint die *res publica*, die öffentliche Sache, zunehmend auf der Strecke zu bleiben. Der offen ausgetragene Streit über das Wohl der Gesellschaft findet immer weniger statt – ein Befund, der sich mit einer zunehmenden Politikabstinenz der Bundesbürger deckt.

Tatsächlich handelt es sich beim Begriff der Republik um weit mehr als ein formelhaftes Beiwort. Im zunehmend anerkannten Begriff Bundesrepublik kam vielmehr eine neue demokratische Gesinnung der Bundesbürger zum Ausdruck. Dieses republikanisch geprägte, an den öffentlichen Dingen interessierte Bewusstsein, das dieses Land zusehends prägte, scheint heute mehr und mehr der Vergangenheit anzugehören.

Die Renaissance der Nation

Dabei bestand im Augenblick der revolutionären Ereignisse von 1989/90 ziemlich schnell Konsens unter den maßgeblichen Politikern, dass sich an der Bundesrepublik, ihrem Status nach, nichts grundsätzlich ändern sollte. Die Begründung dafür lag scheinbar auf der Hand: Schließlich hatten soeben Hunderttausende »Brüder und Schwestern im Osten« den offenkundig reformunfähigen realexistierenden DDR-Sozialismus zu Fall gebracht. Indem sie die radikaldemokratische Ursprungsparole »Wir sind das Volk« in »Wir sind ein Volk« abwandelten, entschieden sie sich für die Bundesrepublik. Eine Entscheidung, die letztlich im Anschluss der DDR nach Artikel 23 Grundgesetz seine Umsetzung fand. Gleichzeitig wurde eine stärkere Einbeziehung der demokratischen Kräfte vereitelt, etwa durch Schaffung und Verabschiedung einer neuen, gesamtdeutschen Verfassung. Reformen ja, Revision nein, lautete die herrschende Devise. *Berlin schafft keine neue Republik – und sie bewegt sich doch*[12] kommentierte in diesem Sinne auf halber Strecke, zur Jahreswende 2000/2001, der Politikwissenschaftler Kurt Sontheimer.

Und dennoch schien sich nur fünf Jahre später, 2006, das Land ganz erheblich verändert zu haben. Der Journalist Eckhard Fuhr meinte gar beim »Blick in den Spiegel« zu erkennen: »Es ist das Bild einer erneuerten Nation.«[13]

Tatsächlich erlebten wir in den letzten Jahren *Deutschlands Wiederkehr.*[14] Nahezu unbemerkt scheint aus der Republik die Nation geworden zu sein. »Nicht die Verfassung also, sondern die Heimat, die Nation [...] erscheinen nun als Vaterland«, jubiliert stellvertretend für viele der national-konservative Historiker Volker Kronenberg.[15] Umso mehr stellt sich die Frage nach dem Bruch seit 1989. Was, blickt man in den Rückspiegel, hat sich in den vergangenen zwanzig Jahren im politischen Selbstverständnis der Republik verändert? Bonn wurde nicht Weimar – aber was wird Berlin?

III. Die Rückkehr des Krieges am Ende der Nachkriegszeit

Mit dem Fall der Mauer am 9. November 1989 endete nicht nur die alte Bonner Republik, sondern auch das Zeitalter der Bipolarität. Seitdem hat sich die ganze Welt dramatisch, ja revolutionär verändert. Und erst heute, aus bald zwanzigjährigen Abstand, beginnen wir allmählich zu begreifen, welch einschneidende Wirkungen dieses Datum für unser Land hatte.

Das epochale Wendejahr 1989/1990 steht in erster Linie für die Wiedererlangung der vollständigen nationalen Souveränität. Mit der förmlich vollzogenen Vereinigung am 3. Oktober 1990 wurde aus den beiden deutschen Teilstaaten die neue, geeinte Bundesrepublik.

Mit dem Ende der Bipolarität kehrten jedoch die zuvor in den beiden Blöcken ruhiggestellten Nationalstaaten Ost- und Mitteleuropas zurück auf die Weltbühne – und beschäftigten auch die deutsche Politik. Die neunziger Jahre standen in hohem Maße im Zeichen der Bemühungen um die richtige Ausübung der soeben erst wiedererlangten nationalen Souveränität.

Insbesondere beim Zerfall Jugoslawiens spielte die deutsche Regierung unter Kanzler Helmut Kohl und Außenminister Hans-Dietrich Genscher eine schicksalhafte Rolle. Als sich Slowenien und Kroatien, forciert durch den serbischen Nationalismus, zu Beginn der neunziger Jahre für unabhängig erklärten, kam es über deren Anerkennung zu ernsten Meinungsverschiedenheiten zwischen den beiden stärksten Staaten der Europäischen Gemeinschaft, Deutschland und

Frankreich. Die deutsche Regierung setzte sich durch: Slowenien und Kroatien wurden am 15. Januar 1992 von den EG-Staaten völkerrechtlich anerkannt, ohne dass eine Lösung für das verbleibende Restjugoslawien gefunden wurde. Dadurch wurde der serbisch-ethnische Nationalismus weiter verstärkt – mit dramatischen Folgen, wie sich bald darauf zeigen sollte.[16]

Maßgeblicher Bezugspunkt der deutschen Anerkennungspolitik blieb dabei stets das Jahr 1989/90. »Wer, wie die Deutschen, auf der Basis der Selbstbestimmung seine nationale Einheit erreicht hat, kann Slowenien und Kroatien das Selbstbestimmungsrecht nicht verweigern«, argumentierte Bundeskanzler Helmut Kohl. Deutschland müsse deshalb »die EG zur Anerkennung der beiden Republiken veranlassen.«[17]

Das Ende der Nachkriegszeit

Die Ironie der Geschichte wollte es jedoch, dass die Konsequenzen dieser Anerkennungspolitik nicht vom ewigen Kanzler Helmut Kohl getragen werden mussten, sondern von dessen Nachfolger Gerhard Schröder. Noch 1992 hatte Helmut Kohl das wiedervereinigte Deutschland aus dem zweiten Irak-Krieg (zur Befreiung des vom Irak überfallenen Kuwaits) herausgehalten – gegen Zahlungen an die USA in Milliardenhöhe, die ihm von konservativer Seite umgehend den Vorwurf der Scheckbuchdiplomatie einbrachten.

Die seit 1998 amtierende rot-grüne Koalition ging einen anderen Weg. Mit der Nato-Intervention im Kosovo – vom 24. März bis 10. Juni 1999 – beteiligte sich die Bundesrepublik erstmalig nach 1945 wieder an einem Krieg. Dies markiert, nach der nationalen Souveränität, die zweite Zäsur seit 1989: Mit dem Kosovo-Krieg endete die Nachkriegszeit. Die Bonner Republik hatte sich bis dahin immer auch als unmittelbares Folgeprodukt der NS-Herrschaft und des Zweiten Weltkriegs verstanden – und damit stets als Phänomen und Ausdruck der Nachkriegszeit des Kalten Krieges. Dieses Selbstverständnis verlor mit dem Kosovo-Krieg seinen Realitätsbezug. Heute beginnt langsam jenes Nachkriegsgefühl zu schwinden, das die alte Bonner Republik maßgeblich geprägt hatte.

»Große Politik«

Der eigentliche Einschnitt erfolgte bereits am 24. März 1998, ein halbes Jahr nach der Wahl der rot-grünen Koalition und kurz vor dem Berlin-Umzug, – als Rückkehr des Krieges unter deutscher Beteiligung.[18] Die Berliner Republik begann im Krieg, was heute schon fast vergessen ist. Erstmalig seit 1945 waren deutsche Soldaten wieder an einem Kampfeinsatz beteiligt. Und nachdem die Vereinigten Staaten den Krieg gegen den Terror ausgerufen haben, ist nicht absehbar, ob und wann die Bundesrepublik die Periode des Krieges hinter sich lassen wird. Bis heute ist die Bedeutung dieses Faktums in der Bevölkerung nicht hinreichend erkannt worden. Oder, schlimmer noch: Sie wird anhaltend verdrängt. Die dringend notwendige gesellschaftliche Debatte über den zukünftigen Umgang mit Kriegen unter Beteiligung der eigenen Armee findet nicht statt.

Dabei ändert die Tatsache, dass wir es in Afghanistan mit einer humanitären Intervention unter UN-Mandat zu tun haben, nichts daran, dass die deutschen Truppen inzwischen immer stärker in Kriegshandlungen einbezogen werden. Längst können sie ohne kugelsichere Panzerung nicht einmal mehr ihre Kaserne verlassen. Ihre akute Gefährdung wird durch die regelmäßigen Todesfälle drastisch verdeutlicht. Und dennoch gestehen die Politiker den wirklichen Zustand bis heute nicht ein. Deutschland befinde sich zwar im »Kampf gegen den Terrorismus«, so Bundesverteidigungsminister Jung, aber nicht im Krieg. Mit der Bezeichnung der getöteten Soldaten als »Gefallene« hat der Verteidigungsminister immerhin einen ersten Schritt zur Anerkennung der Kriegssituation getan. Tatsächlich geht die Trennung zwischen friedlichem *peacekeeping* und kriegerischer Terrorbekämpfung immer weniger auf, werden die Soldaten heute unweigerlich in Kriegshandlungen verstrickt.

In dieser Kontinuität des Krieges mögen auch implizite Gründe für die politische Zurückhaltung im Umgang mit der Metapher der Berliner Republik liegen. Die seinerzeit beteiligten Politiker erinnern sich höchst ungern daran, dass am Anfang der Berliner Republik die Entscheidung für den Kosovo-Krieg stand.

Dessen problematische Folgen wirken bis heute unvermindert nach. Schließlich handelte es sich um den ersten großen Krieg nach 1989 ohne UN-Mandat. Die »Koalition der Willigen« berief sich für den folgenden Irak-Krieg umgehend auf ihn als legitimierenden Präzedenzfall – wie auch Russland bei seiner Intervention in Georgien.

Friedensmacht oder Wilhelminismus?

Mit Beginn des Krieges setzte auch der Kampf um die Deutungshoheit ein. Konservative Stimmen werteten den Kosovo-Krieg umgehend als Indiz der nationalen Normalisierung – nach gut fünfzigjährigem angeblichem Ausnahmezustand als außenpolitisch amputierte Nation.

Gerade in den gleichzeitig mit dem Umzug von Bonn nach Berlin stattfindenden kriegerischen Handlungen erkannte die Frankfurter Allgemeine Zeitung die eigentliche Zäsur: »Das deutsche Parlament kehrt in das Reichstagsgebäude zurück. Das politische Zentrum des wiedervereinigten Deutschlands verlagert sich in die historische Hauptstadt. Nichts scheint sinnfälliger zu machen, dass auch für Deutschland die Nachkriegszeit zu Ende ist – umso mehr, als das Nato-Mitglied Bundesrepublik zur selben Zeit an der Militäraktion des Westens gegen Jugoslawien teilnimmt.«[19]

Die neue militärische Handlungsmächtigkeit versinnbildlichte jedoch nicht nur für Konservative die Rückkehr und Wiederherstellung der Normalität. Unter Berufung auf den albanischen Dichter Ismail Kadaré wollte auch Bundeskanzler Schröder im deutschen Nato-Einsatz auf dem Balkan die Wahrnehmung einer »neuen deutschen Verantwortung«, ja sogar einen europäischen »Gründungsakt« erkennen – womit er sich umgehend harsche Kritik einhandelte. »Europa wird nicht zum Europa der Menschen, indem man den Menschen Bomben auf den Kopf wirft«, rügte ihn die Süddeutsche Zeitung. Denn, so der Kommentator Heribert Prantl weiter: »Bomben sind, auch wenn sie noch so guten Zwecken dienen sollen, kein gutes Fundament für die Zukunft Europas. Und der Krieg ist und bleibt Hochverrat an der Zivilisation, auch wenn dieser Krieg mit Nothilfe für den Kosovo und für die Menschenrechte zu rechtfertigen sein mag.«[20]

Krieg oder Frieden als Zäsur?

In jedem Fall wurde 1999 durch das offensive und selbstbewusste außenpolitisches Auftreten des Bundeskanzlers erstmals sichtbar, dass das neue Deutschland mit der alten Bundesrepublik aus der Ära der Bipolarität nicht mehr allzu viel gemein hatte. Die einstige Kriegsabstinenz war Vergangenheit.

Nur vier Jahre später hatte sich der Wind allerdings gedreht. Weit entschiedener, als die rot-grüne Regierung im Jahre 1999 auf Seiten der Alliierten am Krieg gegen Serbien teilnahm, stemmte sich Anfang 2003 dieselbe Regierung gegen den nächsten Krieg, nämlich im Irak – und mit ihr ein Großteil der Bevölkerung, die sich wie in allen anderen west-europäischen Staaten zu großen Anti-Kriegsdemonstrationen versammelte.

Nun schien ein regelrecht gewendeter Gerhard Schröder der kriegskritischen Position seiner einstigen Gegner um vieles näher zu sein als der damaligen eigenen. Die SPD plakatierte im Wahlkampf eifrig »Friedensmacht Europa« gegen den Irak-Krieg der USA; die Union indes ließ eine Ablehnung der amerikanischen Invasionsambitionen nicht erkennen, im Gegenteil: Die damalige CDU-Parteivorsitzende Angela Merkel demonstrierte bei einem Besuch in Washington ostentativ den Schulterschluss mit US-Präsident George W. Bush – und nicht zuletzt deshalb verlor Kanzlerkandidat Edmund Stoiber (CSU) die vermeintlich schon gewonnene Bundestagswahl gegen Gerhard Schröder.

Mit dieser abrupten Wende der Bundesregierung wurde auch die Bestimmung der eigentlichen geschichtspolitischen Zäsur zu einem umkämpften Politikum. Anlässlich der sechzigsten Wiederkehr des D-Day, der Landung der Alliierten am 6. Juni 1944 in der Normandie, reklamierte Gerhard Schröder nun seinerseits das »endgültige Ende der Nachkriegszeit« – allerdings unter umgekehrten Vorzeichen. Jetzt wertete er gerade die sechzigjährige europäische Friedensperiode als Ausweis bundesrepublikanischer Bewährung und der Berechtigung, das Haupt zu erheben. Schröder ging sogar so weit, in der Landung der Alliierten einen »Sieg für Deutschland« zu sehen.

Sinnfälliger hätte der Generationsunterschied zwischen dem »Berliner« Schröder und seinem »Bonner« Vorgänger Helmut Kohl nicht zum Ausdruck gebracht werden können. Die einstige totale Niederlage derart vollständig umzudeuten, wäre dem ehemaligen Hitlerjungen Kohl, dessen Bruder im Krieg gefallen war, niemals eingefallen. Kohl lehnte es bis zum Ende seiner Kanzlerschaft ab, den D-Day mit den Siegern zu feiern. So tief saß und sitzt bei ihm bis heute das Gefühl der Niederlage.

Erst das Nachkriegskind Schröder konnte in derart »unverkrampfter Weise« von der Nation und einer weniger geschichtsgebundenen Außenpolitik Besitz ergreifen. Während Kohl noch in ganz anderem Maße im Bann der jüngsten deutschen Geschichte stand, war Gerhard Schröder von Anfang an bemüht, einen selbstverständlichen Umgang mit der eigenen Nation wiederherzustellen. Indem der Kanzler, auch im Namen seiner Generation, offensiv vom Begriff der »erwachsenen Nation« Gebrauch machte, Deutschland gar als neue »Friedensmacht« propagierte, signalisierte er seinen Willen, das Verhältnis zu Deutschland zu normalisieren.

Die Normalisierung des Nationalen: Die Renaissance der Nation

Was aber verbirgt sich hinter dieser angeblichen neuen Normalität? Tatsächlich artikuliert sich in der Auseinandersetzung um die deutschen Kriegsbeteiligungen zweierlei Normalitätsverständnis – eines, das auf die anhaltende Friedensleistung Deutschlands in den nun gut sechzig Jahren seit Ende des Zweiten Weltkriegs abstellt, und ein anderes, das gerade die Rückkehr des Krieges als Rückkehr der Normalität begreift.

Eine Überzeugung ist jedoch beiden Auffassungen gemeinsam – dass wir es nach fünfzig Jahren Bundesrepublik mit einem neuen Akteur zu tun haben: der deutschen Nation. In diesem nationalen Normalisierungsprozess liegt der eigentliche Grund für das Verschwinden der Metapher von der Berliner Republik – und damit auch der Bundesrepublik – und für die emphatische Rückkehr Deutschlands.

Damit kam in den letzten Jahren auch eine Entwicklung zum Abschluss, deren tiefere Wurzeln in der anhaltenden konservativen Gegnerschaft zum bundesrepublikanischen Verfassungspatriotismus liegen. Diese Gegner meldeten sich bereits Anfang der neunziger Jahre in ersten Konzepten einer »selbstbewussten Nation« zu Wort.[21] Damals bereits artikulierte sich ein zunehmender Überdruss an den einstigen Bonner Verhältnissen. Diesen hatte Martin Walser schon 1979 angeschlagen, als er verkündete: »Ich habe ein Bedürfnis nach geschichtlicher Überwindung des Zustands Bundesrepublik.«[22]

War bei Walser das Bedürfnis nach Rückkehr des Nationalen noch primär nostalgisch-kulturell grundiert, als eine Form des Geschichtsgefühls, artikuliert sich heute zunehmend auch ein politisches Bedürfnis nach der Rückkehr der Nation im Rahmen der Außen- und Geopolitik souveräner Staaten.

Das Primat der Innenpolitik

Wenn dagegen die Bonner Republik etwas auszeichnete, dann war es das Primat der Innenpolitik. Die fehlende nationalstaatliche Souveränität bedingte quasi zwangsläufig eingeschränkte außenpolitische Handlungsmächtigkeit. Dadurch war Bonn sich – notgedrungen – selbst genug. Zwar drehten sich die am erbittertsten geführten Debatten der Bonner Republik um Themen der Außenpolitik: Wiederbewaffnung, Entspannung, Nachrüstung. Doch die eigentliche ideologische Auseinandersetzung fand auf dem Feld der Innen- und Gesellschaftspolitik statt – angefangen mit den Debatten innerhalb der CDU um das Ahlener Programm und dessen Konzeption weitreichender Sozialisierung über das Godesberger Programm der SPD bis hin zu Willy Brandts »Mehr Demokratie wagen« und der von Helmut Kohl postulierten »geistig-moralischen Wende«.

Die Systemkonkurrenz des Kalten Krieges trug ihren Teil zum Primat der Gesellschafts- und Sozialpolitik bei, indem sie einen ständigen gesellschaftspolitischen Vergleich der beiden Systeme provozierte. Mit dem Ende von DDR und Bonner Republik verlor die Gesellschaftspolitik jedoch ihren entscheidenden kompetitiven Charakter im Duell der Blöcke. Gerade in diesem Wettstreit um die Verbesserung des gesellschaftlichen Zusammenhalts hatte die Bonner Republik ihren spezifischen Ausdruck gefunden.

Das Denken in Kategorien der Gesellschaftspolitik war innenpolitisch, also alt-bundesrepublikanisch geprägt. Es stand für die Kontinuität der Bonner Republik, wurde aber durch die Entwicklung seit 1989 und die Handlungen der beteiligten Hauptakteure schlicht konterkariert. In der Folge wurde der alte gesellschaftspolitische Bezugsrahmen gesprengt.

Ironischerweise war es gerade die Berliner tageszeitung – 1978 gegründet und damit selbst originäres Gewächs der Bonner Republik –, die die Zeichen der neuen Zeit am treffendsten deutete. Sie diagnostizierte bereits am Tage des Umzugs nach Berlin, »dass das Gerede von der ›Berliner Republik‹ vor allem eine Gespensterdebatte ist. Es geht nicht um Berlin; die Hauptstadt ist nur zu einer Chiffre für die Hoffnungen und Ängste der Deutschen vor einem radikalen Wandel ihres Lebens geworden. Es geht ums Ganze: um die Zukunft Deutschlands.«[23]

Die Berliner Republik, sofern man sie überhaupt noch so bezeichnen kann, steht also nicht zuletzt dafür, dass ein Nationaldiskurs inzwischen scheinbar normal geworden ist. Wie normal, versinnbildlichte nichts deutlicher als die Rede Horst Köhlers nach seiner Wahl zum Bundespräsidenten im Jahr 2004: »Ich liebe unser Land« und »Gott segne unser Land« – präsidiale Antrittsworte dieses nationalen Zungenschlags wären in der alten Bundesrepublik schwerlich denkbar gewesen. In dem legendären Diktum Gustav Heinemanns, einem der Vorgänger Horst Köhlers im Amte des Bundespräsidenten, »Ich liebe nicht den Staat, ich liebe meine Frau«, manifestierte sich wohl am stärksten das national hochgradig reservierte, republikanisch aufgeklärte Grundempfinden der Bonner Republik.

IV. Die Bonner Republik – Politik ohne den Ausnahmezustand

Um das Trennende zwischen Bonn und Berlin deutlicher zu machen, gilt es genauer herauszuarbeiten, was die spezifische Politik der Bonner Republik in ihrem geistigen Kern ausmachte.

Bereits 1964 unternahm Hans Magnus Enzensberger den Versuch, das Verbrechen als Kern und Ursprung aller Politik zu identifizieren.[24] Auschwitz habe die Wurzeln der Politik bloßgelegt. Jürgen Habermas hielt ihm entgegen, dass die Verbrechen der bisherigen Politik, auch deren bis dahin unvorstellbare Verschmelzung im Nationalsozialismus, keineswegs jegliche Politik als Verbrechen entlarvten. Zum Beweis dieser Auffassung führte Habermas an: »Inzwischen haben wir den Krieg geächtet und die Todesstrafe abgeschafft«. Er wertete dies als Anzeichen dafür, dass sich in der Bundesrepublik eine »Form der politischen Herrschaft« auflöst, »die bis zu Treitschke und Carl Schmitt auf ihren Begriff gebracht worden ist. [...] Ausdruck ihrer Souveränität war im Inneren die Todesstrafe, nach außen der Krieg«. Der damals noch jungen Republik bescheinigte Habermas das »Verenden der Politik«, genauer: »der bisherigen Form der Politik«.[25]

Die Auseinandersetzung um das Wesen des Politischen gerät Habermas damit zur Verteidigung der realexistierenden Bundesrepublik, in der sich eine für Deutschland neue Form der Politik herausgebildet habe. Worin aber bestand diese neuartige Politik? Und warum unterschied sie sich so fundamental von dem bis kurz zuvor herrschenden »Begriff des Politischen« Carl Schmitts?

Die postnationale Republik

Die alte Bundesrepublik stellte in der Tat ein Novum, eine historische Ausnahme dar – indem sie ohne den Rückgriff auf den Ausnahmezustand als den Ausgangspunkt aller Gewalt-Politik auskam. »Souverän ist, wer über den Ausnahmezustand entscheidet«,[26] lautet der berühmt-berüchtigte Satz bei Carl Schmitt. Nach dieser vordemokratischen Auffassung liegt die politische Letztentscheidung beim Machthaber – und gerade nicht beim Volk als demokratischem Souverän. Wesensmerkmal dieser autoritären Souveränität ist aber gerade die Entscheidung über Freund und Feind, Leben und Tod, wie sie nach innen in der Todesstrafe und nach außen in der Entscheidung über Krieg und Frieden zum Ausdruck kommt.

Die neue Qualität der Bonner Republik bestand in der Überwindung des Freund-Feind-Gegensatzes, in der Abschaffung der Todesstrafe und in der Einhegung tödlicher Konflikte durch den politischen Kompromiss. Im Bewusstsein der kritischen bundesdeutschen Intellektuellen resultierte aus der Auseinandersetzung mit dem Zivilisationsbruch des Dritten Reiches ein neues, übernationales, universalistisch-kosmopolitisches Verantwortungsgefühl.

Im Außenverhältnis waren für den von Habermas diagnostizierten »Auflösungsprozess des Politischen« im Sinne Schmitts allerdings nicht in erster Linie politische Entscheidungen verantwortlich, sondern die globale Situation zwischen 1949 und 1989 samt ihrer besonderen Auswirkungen auf Deutschland, sprich: seine eingeschränkte Souveränität. Heute, sechzig Jahre später, mehren sich dagegen die Anzeichen für ein Abweichen vom einstigen Weg und für die Rückkehr des Freund-Feind-Denkens im Zeichen des Ausnahmezustands.

Politik im Glashaus

Der Historiker Wolfgang J. Mommsen fand 1979 eine treffende Metapher, als er die Bundesrepublik als »politisches Glashaus« bezeichnete, das durch die westliche Schutzmacht gegenüber Dritten abgeschirmt wurde. Dadurch war es der Bundesrepublik überhaupt erst möglich geworden, sich »vornehmlich ihrer wirtschaftlichen Wiedererstarkung zuzuwenden, statt, wie andere Mächte, an den Anstrengungen und an den Kosten weltweiter Sicherungspolitik, einschließlich der entsprechenden militärischen Aufwendungen, in angemessenem Umfang beteiligt zu werden«.[27] Die Republik genoss eine Karenz von weltpolitischer Verantwortung.

Seine Identität, seinen Stolz gewann das Land primär aus postnationalen Kategorien und nicht zuletzt aus seinem wachsenden Wohlstand in Folge des Wirtschaftswunders. Das »Wir sind wieder wer«, das Mommsen ausmachte, basierte in erster Linie auf der wirtschaftlichen Leistungsfähigkeit der Republik. Man definierte sich über Jahrzehnte nicht zuletzt als Export- und daneben, scheinbar nicht weniger wichtig, auch so manches Mal als Fußball-Weltmeister – weshalb manche tatsächlich das Jahr 1954 und das »Wunder von Bern« als den eigentlichen Beginn bundesrepublikanischen Wir-Gefühls ansehen.

Die ökonomisch akzentuierte Identitätsstiftung der alten Bundesrepublik wurde durch den Klassenkompromiss gefördert, die Einhegung des Antagonismus zwischen Arbeit und Kapital. Das Aufstiegsparadigma, nach dem es Menschen aus kleinsten Verhältnissen möglich sein sollte, an die Spitze von Staat und Wirtschaft zu gelangen, lieferte der einseitig wohlstandsorientierten Gesellschaft den erforderlichen sozialen Kitt. Die Überzeugung, aus eigener Anstrengung vormals unüberwindbare Klassengrenzen überwinden zu können, sorgte für sozialen Frieden und machte die Bevölkerung für revolutionäre Umsturzideen unempfänglich.

Mit der Wahl Gerhard Schröders, des Halbwaisen aus ärmsten Verhältnissen, zum Bundeskanzler wurde dieses Paradigma 1998, ganz am Ende der Bonner Zeit, noch einmal exemplarisch beglaubigt.

Die Fixierung auf die Wirtschaft und die politische Desillusionierung nach zwölf Jahren Nationalsozialismus machten zunehmend vergessen, dass das Land auch in dem von Mommsen beschriebenen Sinne postsouverän war. Postsouverän zunächst im klassischen Sinne beschränkter außenpolitischer Hoheits- und Entscheidungsbefugnis, postsouverän damit aber auch in einem radikaleren Sinne, insofern als die Bundesrepublik nicht in der Lage war, über den Krieg als den Ausnahmezustand zu bestimmen. Im Sinne der Kategorien Carl Schmitts war die Bundesrepublik somit kein politischer Akteur mehr. Nach außen mangels Souveränität, sprich: des Rechts zur Entscheidung über Krieg oder Frieden; nach innen aufgrund der Selbstbindung durch das Grundgesetz, das mit seinem Menschen- und Bürgerrechtskatalog, insbesondere der Abschaffung der Todesstrafe, die Konsequenzen aus der größtmöglichen Radikalisierung des Freund-Feind-Gegensatzes im Dritten Reich gezogen hatte.

Auch wenn mit der Einführung der Notstandsgesetze und im Zuge der Terrorismus-Hysterie der siebziger Jahre vermeintliche Sympathisanten einigermaßen schnell zu Verfassungsfeinden erklärt werden konnten – vom Recht des Ausnahmezustands, den einzelnen als Feind der Rechtsordnung *hors la loi*, außerhalb des Rechts, zu setzen und äußerstenfalls zu vernichten, blieb dies zum Glück weit entfernt. Auch wenn im Deutschen Herbst des Jahres 1977 vereinzelt über standrechtliche Erschießung von Terroristen nachgedacht wurde: Letztlich bestand das Land seine Bewährungsprobe. Große Politik im Sinne Carl Schmitts, Politik gegen den Feind bis zu dessen Entrechtung und Vernichtung, fand in der Bundesrepublik nicht statt. Derart die Konsequenz aus der nationalsozialistischen Terrorherrschaft ziehend, wurde die Bonner Republik zu einem dezidiert antischmittianischen Projekt.

Die gehegte Republik

Dabei profitierte die gehegte Republik in entscheidender Weise von der globalen Neutralisierung als Ergebnis des atomaren Patts. Man lernte die Bombe zwar nicht zu lieben, sondern im Gegenteil so sehr zu fürchten, dass sich jede kriegerische Auseinandersetzung zwischen den Blöcken verbot. Obwohl in der Weltanschauung der beiden Systeme die Trennung und Unterscheidung von Freund und Feind weiter eindeutig gegeben war, bis hin zur manichäischen Stigmatisierung des »Reichs des Bösen« unter Ronald Reagan, war doch die Möglichkeit der kriegerischen Vernichtung des Gegners faktisch ausgeschlossen, da mit der Gefahr des eigenen Untergangs verbunden. »Als politisches Instrument jedenfalls hat der Krieg ausgedient, zumindest im Einzugsbereich des Ost-West-Konflikts«, bilanzierte die Friedensforschung.[28]

Auf globaler Ebene war der Freund-Feind-Gegensatz in hohem Maße eingehegt, um genau zu sein: blockiert. Tatsächlich war zwischen den beiden Blöcken die »reale Möglichkeit« des Krieges[29] nicht mehr existent. Souveränität als die Entscheidung über den Ausnahmezustand war schlicht nicht gegeben. »Souverän ist die Atombombe« – da aber beide Seiten über sie verfügten, machte dies jede potentielle kriegerische Betätigung zur Selbstmordaktion.[30]

Damit hatte auch der Begriff des Feindes seinen eigentlichen Sinn verloren. Die Politik als radikale Freund-Feind-Unterscheidung mit der Möglichkeit der Vernichtung des Feindes mittels eines Krieges zwischen den Staaten (beziehungsweise Blöcken) war faktisch abgeschafft – weshalb Carl Schmitt im Partisanen das Prinzip des Politischen neu entdecken musste. Schwer beeindruckt von der »Kriegserklärung« durch die RAF an die »Waschlappenstaaten« stellte er anerkennend fest: »*So* spricht der Staat.«[31]

Post-Politik oder Politik der Kommunikation

Die Einhegung des Politischen betraf somit die Blocksituation zur Gänze, weshalb man den Kalten Krieg durchaus als eine Zeit des Postpolitischen im Sinne Carl Schmitts begreifen kann. An die Stelle totaler existenzieller Verneinung als dem wahren Wesen des Politischen im Schmittschen Sinne trat ein anderes Prinzip der Politik: das der Kommunikation. Noch das Verhältnis der beiden Blöcke, die Logik der Abschreckung, war hochgradig kommunikativ und basierte auf permanenter gegenseitiger Beobachtung. Beobachtung und Kommunikation waren die beiden Pole der Semantik des Kalten Krieges, genauer: »Kommunikation durch Beobachtung« war das Prinzip. Ost und West funktionierten gleichsam wie kommunizierende Röhren.

Das Ausbleiben des atomaren Overkills im Angesicht der Bombe schien die Luhmannsche »Wahrscheinlichkeit des Unwahrscheinlichen«[32] stets aufs Neue zu beglaubigen. Doch diese Kommunikation basierte auf der Logik einer von beiden Seiten geteilten Grundüberzeugung: dem beidseitigen Willen zum Überleben und zur Vermeidung des eigenen Untergangs. Die Zeit des Kalten Krieges entwickelte auf diese Weise ihre spezifische Form der Politik: Integration und Inklusion fanden zunächst im je eigenen Block, durch Plan oder Markt statt. Innerhalb der Systeme garantierten die beiden unterschiedlichen Codes das Funktionieren und die Kommunikation – und die jeweiligen Schutzmächte den einzelnen Staaten die friedliche Existenz. Der Kalte Krieg wiederum garantierte den beiden Blöcken ihren Bestand – anfangs aufgrund der (schweigend-beredten) atomaren Abschreckung, später mit der Parole der Entspannungspolitik Willy Brandts: Wo geredet wird, wird nicht geschossen.

Die Bonner Republik verdankte dieser globalen Konstellation eine für die deutsche Geschichte einzigartige Friedensperiode: weder Krieg noch Bürgerkrieg über eine Zeitspanne von gut vierzig Jahren. In ihrer tatsächlichen Politik war die Bundesrepublik ein Land, welches zusehends ohne den Feind auskam – am Ende sogar ideologisch-weltanschaulich. Hatte der Antikommunismus der frühen Bundesrepublik noch eine probate Anschlussideologie und »fanatisch verehrte Ersatzreligion«[33] für den verlorenen Nationalsozialismus beschert, wurde er im Gefolge von '68 zunehmend aufgeweicht. Seinen Höhepunkt erreichte das Streben nach einer Form der friedlichen, kommunikativen Koexistenz in den achtziger Jahren, einhergehend mit der massiven Ablehnung der Reaganschen Aufrüstungspolitik. Bezeichnenderweise lautete die Parole der Friedensbewegung in Übernahme eines Zitats von Gustav Heinemann aus dem Jahre 1964: »Nicht der Krieg ist der Ernstfall [...], sondern der Frieden ist der Ernstfall, in dem wir uns alle zu bewähren haben. Hinter dem Frieden gibt es keine Existenz mehr.«[34]

Diese dezidiert antischmittianische Haltung, die bereits der Verfassung der Bonner Republik zugrunde lag – allerdings ohne dass sie sich in der Mentalität der Bevölkerung bereits durchgesetzt hätte –, kommt exemplarisch bei Dolf Sternberger zum Ausdruck, dem Mitbegründer der deutschen Politikwissenschaften. In seiner Heidelberger Antrittsvorlesung von 1960 heißt es: »Der Gegenstand und das Ziel der Politik ist der Friede. Das Politische müssen und wollen wir zu begreifen versuchen als den Bereich der Bestrebungen, Frieden herzustellen, Frieden zu bewahren, zu gewährleisten, zu schützen und freilich auch zu verteidigen. Oder, anders ausgedrückt: Der Friede ist die politische Kategorie schlechthin. Oder, noch einmal anders ausgedrückt: Der Friede ist der Grund und das Merkmal und die Norm des Politischen, dies alles zugleich.«[35]

Indem die Politik der Bundesrepublik nicht mehr als Freund-Feind-Auseinandersetzung funktionieren konnte und sollte, musste sie neu begründet werden, nämlich – neben dem wachsenden Wohlstand – in Kommunikation und Konflikt, der jedoch immer in gehegten Bahnen zu verlaufen und zum Konsens zu führen hatte. Folgerichtig verstand sich der liberale bundesrepublikanische Intellektuelle von Sternberger bis Habermas als ein durch Vernunft geläuterter, allem nationalen oder gar kriegerischen Überschwang abholder Bundesbürger, dessen Patriotismus sich auf die rechtsstaatliche Ordnung des Grundgesetzes samt seiner Menschen- und Bürgerrechte stützte.

Es ist kein Zufall, dass die beiden beherrschenden und eigentlich so konträren Denker der späten Bundesrepublik, Jürgen Habermas und Niklas Luhmann, beide Theoretiker der Kommunikation sind. Trotz fundamentaler Unterschiede überrascht die Gemeinsamkeit, das geteilte Fundament der Kommunikation. Stark vereinfachend formuliert: Was dem einen die Anschlussfähigkeit, ist dem anderen der herrschaftsfreie Diskurs. Den oder das existenziell Andere außerhalb der Kommunikation sollte es nicht geben.

Das Denken der alten Bundesrepublik wurde so zu einem Denken in Theorien der Deliberation und der Verständigung, zwecks Ermöglichung friedlicher Koexistenz. Oder, wie es Karl Jaspers bereits 1958 bei seiner Dankesrede zum Empfang des Friedenspreises des Deutschen Buchhandels ausdrückte: »Friede ist nicht Kampflosigkeit. Aber der Mensch kann den Kampf verwandeln aus gewaltsamem Kampf in den geistigen und in den liebenden Kampf. Der gewaltsame Kampf erlischt in der Kommunikation.«[36]

Auf diese Weise wurde der Feindbegriff auch begriffspolitisch geächtet: Die »Einbeziehung des Anderen«[37] war das Antidot gegen das antiliberale, ausgrenzende Freund-Feind-

Denken Carl Schmitts. In diesem Sinne wurde zur Politik der Bonner Republik nicht die Bekämpfung oder gar Vernichtung des existenziell Anderen, sondern dessen kommunikative Einbeziehung – durchaus und nicht zuletzt auch zum aufgeklärten eigenen (ökonomischen) Nutzen, bei der Integration der Gastarbeiter stärker als beim grund- und menschenrechtlich verbürgten Recht auf Asyl. Ziel dieses Projekts der Versöhnung war die »Entfeindung« zum Teil jahrhundertelanger Gegner – zuerst gen Westen, danach gen Osten.[38] Was Adenauer gegenüber Charles de Gaulle in die Wege leitete, die Aussöhnung der Bundesrepublik mit dem Erzfeind Frankreich in der Kathedrale von Reims am 8. Juli 1962, gelang Willy Brandt knapp zehn Jahre später in Polen, mit seinem mittlerweile legendären Kniefall in Warschau am 7. Dezember 1970.

V. Nine Eleven – Die Rückkehr des Feindes

Diese altbundesrepublikanische Lage, der Integration durch Einbeziehung des Anderen, hat sich durch die Entwicklung seit 1989 radikal verändert. Mit der Normalisierung im Sinne der Rückkehr der deutschen Nation wurde der Boden für die Rückkehr »großer, gewaltbegründeter Politik«[39] im alten, vor-bundesrepublikanischen Sinne bereitet.

Allerdings kommt ein Weiteres hinzu: Anders als noch zum letzten Jubiläum der friedlichen Revolution vor zehn Jahren ist heute der 9. 11. 1989 nicht länger zu denken ohne den 11. 9. 2001. Erst Nine Eleven gab Eleven Nine eine ganz spezifische, nämlich agonale, kriegerische Richtung.

Auch ikonographisch überragen der Fall der Berliner Mauer und des World Trade Centers alle anderen Ereignisse der vergangenen zwanzig Jahre: Der 9. November 1989 und der 11. September 2001 – diese beiden Daten beendeten, gleichsam im Zusammenspiel, die einstige Bonner Republik.

Mit Nine Eleven ist die Lage eine fundamental andere geworden: Am 11. September kam die Stunde Carl Schmitts. Der globale Terrorismus al-Qaidas, der anders als der Terror früherer Gruppierungen ohne explizite Forderungen oder Bekennerschreiben auskommt, verkörpert den radikalen Kommunikationsabbruch, das Ende der Anschlussfähigkeit und das Ende einer postmetaphysischen Vernunft, die auf Dialog und Kompromiss angelegt ist. »Ihr liebt das Leben, wir lieben den Tod«, die Parole der Selbstmordattentäter, ist nicht mehr Kommunikation, sondern deren radikale wie totale Verneinung und die Erklärung unüberbrückbarer

Feindschaft bei unbedingter Tötungs- wie Todesbereitschaft.

Der 11. September markiert dabei nur das vorläufige Ende einer dramatischen Veränderung der globalen Lage. Bereits mit dem Zerfall erst des Warschauer Paktes und dann der Sowjetunion hatte die starre bipolare Ordnung begonnen, sich aufzulösen. Doch während 1989 kurzzeitig die Hoffnung aufkeimte, dieses Prinzip der je halbierten Integration in einem Projekt zu vereinen und aus den zwei Hälften die neue eine Welt samt »neuer Weltordnung« (George Bush der Ältere) entstehen zu lassen, wurde diese Hoffnung im Gefolge des 11. September 2001 jäh zunichte gemacht.

Dabei hatte paradoxerweise gerade der 11. September für einen winzigen historischen Augenblick noch einmal die Zuversicht gefestigt, die Welt könne in neuer Solidarität gegen den globalen Terrorismus zusammenstehen. Ein tragischer Irrtum. Heute wissen wir: Der 11. September steht für die Renaissance des Paradigmas von Freund und Feind.

Indem George W. Bush die Feinderklärung der Terroristen nicht mit polizeilich-geheimdienstlichen, sondern seinerseits mit den Mitteln eines angreifenden Feindes beantwortete, nämlich mit der Erklärung eines Kreuzzuges zur Herstellung von unbegrenzter Gerechtigkeit (*infinite justice*), erlangte das Freund-Feind-Denken weltweite Hegemonie. Auch wenn die totale Feinderklärung der Terroristen vorausging: Der eigentliche Krieg beginnt mit der Verteidigung.[40] Die Antwort des Angegriffenen, die Wahl kriegerischer anstelle polizeilicher Mittel, besiegelte den globalen Kriegszustand. George W. Bushs »Wer nicht für uns ist, ist gegen uns« bedeutete das Ende jeglicher Form von Neutralität – und die Preisgabe einer Reaktion mit den Mitteln des Rechtsstaats, wie sie der Bundesrepublik gegen den RAF-Terrorismus der siebziger Jahre noch gelungen war.

Die Radikalisierung im Denken und Handeln des Angegriffenen wurde zum größten Erfolg der Terroristen. Sie dürfte noch Bestand haben, wenn wir von den Terroristen al-Qaidas selbst gar nicht mehr reden werden – sowohl in der globalen Außenpolitik als auch im Inneren der Staaten. Insofern mag der 2007 verstorbene amerikanische Philosoph Richard Rorty Recht behalten, der frühzeitig prophezeit hatte: »Der Verdacht, dass der Krieg gegen den Terrorismus gefährlicher als der Terrorismus selbst ist, erscheint mir völlig gerechtfertigt.«[41]

Huntington schlägt Fukuyama

Ideologisch obsiegte damit Samuel W. Huntingtons Vorstellung des *clash of civilizations*, des »Kampfes der Kulturen«, über Fukuyamas »Ende der Geschichte« in Demokratie und Kapitalismus. Mit seinem Krieg gegen den Terrorismus verdrängte Bush der Jüngere auf unabsehbare Zeit die von seinem Vater proklamierte neue, friedliche Weltordnung – zumal es die von ihm propagierte *infinite justice* im eigentlichen, ursprünglich christlichen Sinne ohnehin nur im göttlichen Paradies geben kann. Mit dem 11. September datiert somit eine neue (endzeitliche) Zeit der Verfeindung und Entneutralisierung; Blockfreiheit wie zu Zeiten des Kalten Krieges hat in dieser Weltsicht keinen Platz.

Und noch gravierender: War zu Zeiten des Kalten Krieges die heiße Schlacht zwischen den Blöcken ausgeschlossen, wird der Krieg jetzt wieder möglich – zwischen den großen Mächten und den verhältnismäßig kleineren. Der Kern der Monroe-Doktrin – *Not in my backyard* – wird zum allgemeingültigen Credo der neuen »Großraumordnung mit Interventionsverbot für raumfremde Mächte.«[42] Im jeweiligen Hinterhof ist der Feindbekämpfung unter dem legitimatorischen Siegel des Kampfes gegen den Terrorismus Tür und Tor geöffnet, wie dies die russische Politik in Tschetschenien ebenso beweist wie der chinesische Umgang mit Dissidenten und ethnischen Minderheiten.

Mit dem Irak-Krieg wurde schlagartig klar, dass vor 1989 der brüchige Frieden weit weniger auf der universalistischen Weltgemeinschaft als vielmehr auf den hegenden Mechanismen des Kalten Krieges beruhte. Die perverse Logik der Abschreckung befriedete die Welt. Sie sorgte dafür, dass das Gleichgewicht des Schreckens das eines Schreckens in der Vorstellung blieb. Diese Ordnung ist seit 1989 und dem Beginn des Untergangs der Sowjetunion unwiederbringlich dahin. Dem Ende des Ostens folgte das Ende des Westens, genauer: der durch den Kalten Krieg zusammengeschweißten westlichen Wertegemeinschaft mit ihrem Bekenntnis zur Charta der Vereinten Nationen und zu den Menschenrechten. Der Irak-Krieg, aber auch die Ablehnung des Protokolls von Kyoto wie des Internationalen Strafgerichtshofs symbolisieren die schleichende Abkoppelung der einzig verbliebenen Weltmacht USA von den Institutionen der Weltgemeinschaft, die der neuen, hegemonial werdenden Logik des Freund-Feind-Denkens zu folgen scheint.

Der Auszug aus dem Glashaus

Dieses neue Paradigma hat unmittelbare Auswirkungen auf die Bundesrepublik. Vieles spricht dafür, dass wir – sowohl außen- als auch innenpolitisch – mit dem 11. September 2001 zum Ausnahmezustand im Sinne Carl Schmitts zurückgekehrt und am Ende jener Phase angelangt sind, in der die Zivilität der Bundesrepublik die Ausnahme von der Regel gewesen war. Bereits ab dem 9. November 1989 hatte sich die Bonner Republik schleichend ihrer Post-Souveränität entledigt. Mit der Wiederherstellung des souveränen deutschen Nationalstaats änderte sich die Grundkonstellation fundamental: Die Republik verließ ihr Glashaus.

War in der Zeit des Kalten Krieges jeglicher nationalstaatliche Handlungsspielraum eingeschränkt auf das jeweilige (Wohl-)Verhalten im Rahmen der Blöcke, brachte der 9. November 1989 das Eis des Kalten Krieges zum Schmelzen, während der 11. September 2001 für neue Friktionen sorgte.

Dem revolutionären Ende des Ostblocks folgte der schleichende Zerfall des Westblocks. Nun trat eine Vielzahl durch je eigene Interessen geleiteter Nationalstaaten auf den Plan. Besonders nach Nine Eleven wurden vormals undenkbare Allianzen und Koalitionen jenseits der einstigen Lager möglich und Realität. Insofern besitzt die neue Ordnung in der Tat mehr Ähnlichkeiten mit der Zeit vor 1945 und sogar vor 1914 als mit den vergangenen fast sechzig Jahren. Das bedeutet vor allem eines: die Rückkehr des Primats der Außenpolitik – inklusive deutscher Kriegsführung und nach außen wie nach innen wirkender Feinderklärung.

VI. Mentale Aufrüstung

Gleichzeitig erlebt Deutschland in den letzten Jahren erstaunliche Versuche einer mentalen Aufrüstung. Denn zur Kriegsführung bedarf es des Pathos, der Leidens- und Opferbereitschaft. All das aber, so die lauter werdende Klage, ist in den Zeiten der konsumistisch verfetteten Bonner Republik abhandengekommen. »Postheroische Gesellschaften haben zwar die Tendenz, sich selbst als Kulminationspunkt der gesellschaftlichen Entwicklung zu interpretieren und jede Härte, sei es auch nur diejenige des Begriffs, für moralisch anrüchig zu halten. Dennoch kann auch eine postheroische Gesellschaft angesichts der terroristischen Herausforderung der Frage nicht ausweichen, ob und inwieweit ihre Angehörigen dazu bereit sind, im Kampf gegen den Terror Verzicht zu leisten«, fordert nicht nur der Rechtswissenschaftler Michael Pawlik.[43]

Um aber die Voraussetzung dafür zu schaffen, dass dieser Verzicht geleistet, sprich: im Ernstfall auch das eigene Leben geopfert werden kann, wird seit geraumer Zeit eine Revitalisierung des Pathetischen betrieben. Am deutlichsten manifestiert sich dies bisher in der Einführung neuer Orden und Abzeichen für militärische Tapferkeit vor dem Feind.

Dagegen schätzte sich die alte Bundesrepublik glücklich, des Pathos nicht mehr zu bedürfen. Die »deutsche Katastrophe«[44] lag noch nicht allzu weit zurück, und den soeben beendeten totalen Krieg hätte es ohne das erforderliche Pathos schwerlich gegeben. Pathos, das wusste man in der frühen Bundesrepublik, ist immer etwas für schlechte Zeiten.

Wo Pathos auftritt, kann das Opfer nicht weit sein – zumeist jenes des fremden Lebens. Nicht von ungefähr rekurriert der griechische Begriff ursprünglich primär auf Leiden und erst sekundär auf Leidenschaft.

Zudem liegt Pathos stets nah bei Patriotismus. Bekanntlich galt es lange Zeit als süß und ehrenvoll, fürs Vaterland zu sterben. Das aber klang furchtbar falsch in den Ohren all jener, die soeben in nächster Nähe das Gegenteil erlebt hatten. Pathos stand nach 1945 für verlogene und betrogene Vaterlandsliebe. Das Misstrauen gegenüber dem pathetischen Sentiment schien also angebracht. Schon deshalb war die postnationale Bundesrepublik von Beginn an auch postpathetisch. In klarer Abkehr vom Vergangenen lautete die Devise des gebrannten Landes: Nie wieder Pathos. Den treffendsten Kommentar zur postheroischen Gesellschaft lieferte in diesem Sinne Bertolt Brecht: »Unglücklich das Land, das Helden nötig hat.«[45]

Pathosallergie der gebrannten Kinder

Auch die Kanzler der Bonner Republik, insbesondere die des Anfangs wie des Endes, waren alles andere als Pathetiker. Um genau zu sein: Adenauer und Kohl waren die personifizierte Pathosverweigerung. Betont provinziell und privatisierend, volkstümelnd und doch nur begrenzt populistisch – da auch nicht besonders dazu befähigt – und mit nur bescheidener rhetorischer Begabung ausgestattet, sorgten sie stets dafür, dass selbst in Momenten möglichen Überschwangs die Gefühle nicht außer Kontrolle gerieten.

Geistig-moralische Wenden wurden unter diesen Vorzeichen erst gar nicht versucht oder konnten nur schiefgehen. Adenauer und Kohl ergriffen auf ihre eher sperrige, sachliche Weise den »Mantel der Geschichte«: Der Alte meisterte die schwierigen Umstände der Gründung der Republik und ihrer Verankerung im Westen, während sein Enkel von der von ihm oft bemühten »Gnade der späten Geburt«[46] profitierte: Erst Gorbatschow und die osteuropäischen Revolutionen bescherten ihm die historische Chance zur Wiederherstellung der deutschen Einheit, die er beherzt ergriff.

Trotz dieser historischen Leistungen: Die rhetorisch begabtere Pathosfraktion der Republik stellten die anderen, die Schumachers und Brandts. Den Erfolg aber hatten die Sachlichen, die Kohls und Adenauers – wenn auch stets in ihren engen Grenzen und kongenial korrespondierend mit den Bedürfnissen einer Bevölkerung gebrannter Kinder. Das schaurig schräge Absingen der Nationalhymne durch Helmut Kohl, am 10. November 1989 unter den Weizsäckers und Wohlrabes[47] auf dem Balkon des Schöneberger Rathauses, intonierte insofern aufs Trefflichste die Wende von der alten Bonner zur neuen Berliner Republik. Das Pfeifkonzert der versammelten pathosallergischen Berliner Linken war die passende Begleitmusik zum Ende der postpathetischen Republik.

Kurzum, das Glück der Bundesrepublik bestand gerade darin, dass die »ironische Republik« (vulgo: Spaßgesellschaft) sich des Pathos' nicht mehr bedürftig wähnte. Ihren frühen Höhepunkt erreichte die postpathetische Republik vielleicht schon unter ihrem zweiten Kanzler Ludwig Erhard, der schon dank seiner Körperfülle samt Zigarre als leibhaftige Entwarnung daherkam, derweil Heinz Erhardt die Zeitgenossen auf höchst harmlose Weise bespaßte. Heinz und Ludwig – das Land des doppelten Erhard(t) war eine postpathetische Republik.

Die zivile Angestelltenrepublik

Das bedeutet keineswegs, dass die junge Bundesrepublik tatsächlich ohne Pathos hätte auskommen müssen. Im Gegenteil: Auch sie verfügte über ein gehöriges Maß an feierlicher Emphase, das bereits aus der Dramatik der politischen Gründungsereignisse herrührte, das sie aber gerade aus der Pathosenthaltsamkeit bezog, bis hin zur Pathosallergie.

Zivilisierend wirkte zusätzlich, dass sich die Ergriffenheit vor allem auf die jüngste Vergangenheit mit ihren kaum verblichenen Toten richtete. Die junge Republik, aus schmerzlicher Erfahrung davor gefeit, ihre Zukunft dem nächsten Kriege zu verschreiben, lebte aus dem »Nie wieder«. Dies war die Lehre von Weimar und Weltkrieg und, kurze Zeit später, die Lehre von Auschwitz. Kaum ein Satz atmet denn auch stärker das Pathos der Anfangszeit als das Diktum von Franz Josef Strauß aus dem Jahre 1949, dem Gründungsjahr der Republik: »Wer noch einmal das Gewehr in die Hand nehmen will, dem soll die Hand abfallen.«[48] Keine zehn Jahre später sollte derselbe Strauß als Verteidigungsminister unter Adenauer die Wiederbewaffnung der Republik betreiben. So sah es auch aus, das verlogen-restaurative Pathos der Sachlichkeit der jungen Republik.

Demgegenüber verkörperte der spätere Kanzler Helmut Schmidt, wie Strauß ehemaliger Wehrmachtsangehöriger, den wohl dezidiertesten Verzicht auf pathetische Führung. Schmidt bezeichnete sich stets als »leitenden Angestellten« der Bundesrepublik – der universell verwendbare, moderne Angestellte als Angebot zur Identifikation mit der zivilisierten Republik. Bei allem immer auch etwas inszeniertem hanseatischen Understatement nahm Schmidt damit ganz bewusst Abschied von der einstigen deutschen Heroismus-Tradition, wie sie in den Ideen von 1914 exemplarischen Ausdruck gefunden hatte: in der Gegenüberstellung von germanischen Helden und angelsächsischen Händlern.

Daneben speiste sich das deutsche Pathos der unmittelbaren Nachkriegszeit vor allem aus der Teilung – als der selbstverschuldeten Wunde, die das Tausendjährige Reich geschlagen hatte, und dem allenthalben proklamierten Willen, sie zu schließen. Der bis heute wohl anrührendste Zug in der Ära Adenauer war folglich auch die Heimholung der Kriegsgefangenen, die lange Zeit als die größte Leistung des »Alten« angesehen wurde.

»Nie wieder«-Pathos in der Folge von Auschwitz

Nach der langen Dekade des »kommunikativen Beschweigens der Vergangenheit«[49] erlebte die Republik jedoch mit der sukzessiven Trockenlegung ihres braunen Morasts ab Mitte der sechziger Jahre eine neopathetische Aufladung. Immer mehr geriet das Menschheitsverbrechen der Judenvernichtung – mit Auschwitz als Synonym – in den Mittelpunkt der bundesrepublikanischen Selbstdefinition.

Die industrielle Massenvernichtung der europäischen Juden wurde darüber zum eigentlichen pathosspendenden Ereignis des zwanzigsten Jahrhunderts (mit heute weit über den deutschen Rahmen hinausgehender globaler Bedeutung). Mit Beginn der Aufarbeitung der Verbrechen bezog die Republik ihr Pathos immer weniger aus »Nie wieder Krieg« und dafür immer mehr aus »Nie wieder Auschwitz«.

Pointierter gesagt: Das bundesrepublikanische Pathos kam bald nicht mehr ohne Auschwitz aus. Mit wachsendem Abstand schien auch die Indienstnahme des Jahrhundertverbrechens durch die vermeintlich »erwachsener« werdende Bundesrepublik inflationär zuzunehmen. Seinen politischen Höhepunkt erreichte dieser Prozess vor Beginn des Kosovo-Krieges im Jahre 1999, als der damalige grüne Außenminister Joschka Fischer die deutsche Beteiligung an der Intervention explizit mit Bezug auf Auschwitz legitimierte. »Ich habe nicht nur gelernt: Nie wieder Krieg. Ich habe auch gelernt: Nie wieder Auschwitz«,[50] mit diesen Worten brachte er im April 1999 seine »Betroffenheit« zum Ausdruck.

Dagegen hatte Adornos nüchternes Diktum von der *Erziehung nach Auschwitz* sein Pathos gerade aus der Versachlichung aufgrund zu großer Nähe zur Vernichtung gezogen. Bei Adorno resultierte aus Auschwitz der Wille zum Abstand, zur Zügelung der Leidenschaften und zur Hegung des Pathetischen. Seine kritische Theorie verkörperte insofern auch den Geist der neuen Sachlichkeit.

Dennoch zieht sich ein roter Faden von Adornos *Erziehung nach Auschwitz* von 1966[51] über Weizsäckers Befreiungs-Rede von 1985 bis hin zu der Auschwitzkeulen-Philippika Martin Walsers von 1998: Alles, was an der Singularität von Auschwitz partizipieren konnte, war des Pathos' gewiss. Um dem Vorwurf des Missbrauchs zu entgehen, war dabei stets eine gewisse Nüchternheit zu wahren. Noch der großen Rede Richard von Weizsäckers eignet ein relativ sachliches Pathos, mit einem Schuss an subjektiver Befindlichkeit. Wer dagegen am Pathos der Distanz scheiterte, wie der ungeschickte Martin Jenninger 1988, hatte umgehend Sanktionen zu erwarten.

Andererseits gab es bei einzelnen intellektuellen Protagonisten der alten Republik eine starke Weigerung, auf geschichtlich grundiertes Pathos zu verzichten. Am sinnfälligsten spiegelt sich dies in der skandalösen Rede Martin Walsers zur Verleihung des Friedenspreises des Deutschen Buchhandels im Jahre 1998 – wenn auch in höchst ironischer Wendung.

Schon die Versuchsanordnung der Rede, in der sich Walser »Gedanken beim Verfassen einer Sonntagsrede« machte, diente nur dem einen Zweck, pathetischen Mehrwert zu erzielen. Gewissermaßen im Vorgriff auf die eigene Rede imaginiert er deren emotionale Wirkung bei den Adressaten und zittert schon bei der bloßen Vorstellung »vor Kühnheit«, den verachteten Gutmenschen die Moralkeule Auschwitz aus der Hand zu schlagen. Er antizipierte also die Wirkung der eigenen Rede, indem er sich selbst beim Verfassen zuschaute, und kostete das eigene Pathos gleichsam aus.

Der inszenierte Tabubruch aber beruht ausschließlich auf jener Feierlichkeit, die das Menschheitsverbrechen von Auschwitz bis heute spendet. Die Ironie besteht darin, dass Walser, vorgeblich angetreten, die zu niederen Zwecken betriebene Instrumentalisierung von Auschwitz zu geißeln, damit gleichzeitig seinerseits das Massenverbrechen in besonders subtiler Weise instrumentalisierte. Die empörte Verneinung einer Sache rekurriert doch immer auf eben diese. Walser bediente sich damit des Pathos der »Einzigartigkeit« des Verbrechens nach allen Regeln der rhetorischen Kunst. Gerade deswegen aber verkam seine Rede nur zur Inszenierung, zur bloßen Pose. Das wiederum machte sie letztlich so obszön. Im Sinne der von ihm wiederholt geübten Ingebrauchnahme des Schreckens hatte Walser somit durchaus recht, wenn er im Gespräch mit Gerhard Schröder am 8. Mai 2002 bekundete: »Seit Auschwitz ist kein Tag vergangen.«

Gegen die Generation von Auschwitz

Auch die Rebellion der 68er, die teilweise Züge eines nachholenden Widerstandes hatte, gewann ihren pathetischen Überschuss vor allem aus dem Kampf gegen die Hinterlassenschaften des Dritten Reiches und die vermeintlich dazugehörige »Generation von Auschwitz«.[52] Da unter den Talaren allzu oft nach wie vor der Muff von tausend Jahren steckte, bezogen die 68er ihre aufklärerische Emphase maßgeblich aus den tiefbraunen Flecken der Republik. Gegen das Establishment, das nüchtern-sachlich die einstige Leidenschaft für Führer, Volk und Vaterland in den wirtschaftlichen Wiederaufbau samt Antikommunismus umgeleitet hatte, traten sie als emanzipatorische Aufklärer und Kritiker der Wohlstandsgesellschaft auf.

»Gebt uns ein Leitbild« war die utopische Forderung an die Republik und ihre Honoratioren. Eine Anfrage, die jedoch auch von den Vertretern der kritischen Theorie – mit Ausnahme von Marcuse – geschlossen verweigert wurde. Schon 1955 hatte Adorno der jungen Republik ins Stammbuch geschrieben: »Ohne Leitbild«. Ihm war die Zügelung der Leidenschaften durch die Sachlichkeit der Politik, der

Wille zum Abstand, Prinzip. Nicht zuletzt gegen diese nüchtern-antiutopische Verweigerung skandierte, hochgradig pathetisch, der Charismatiker Dutschke: »Wir können eine Welt gestalten, wie sie die Welt noch nie gesehen hat«.[53]

An der mit dem jugendlichen Aufbegehren einhergehenden Rückkehr des Pathos Anfang der siebziger Jahre partizipierte jedoch auch die offizielle Politik. Willy Brandt personifizierte wie kein anderer den vom Aufbruch in eine andere Republik beseelten Geist der damaligen Zeit, als er in seiner ersten Regierungserklärung 1968 formulierte: »Wir stehen nicht am Ende unserer Demokratie, wir fangen erst richtig an«.[54] Mit diesem Willen zum Bruch, mit dem er Anfang der siebziger Jahre »mehr Demokratie wagen« und »das moderne Deutschland« schaffen wollte, hatte auch Brandt teil am Willen zur endgültigen Überwindung der Menschheitsverbrechen des Nationalsozialismus, die damals nur fünfundzwanzig Jahre vergangen waren.

Realexistierender Pathosmangel

Seit 1989, mehr noch seit 2001, existiert eine neue Lage. In Abkehr von der relativen Pathosenthaltsamkeit der alten Republik heißt es allenthalben »Mehr Pathos wagen«. Die fast verzweifelt anmutende Suche nach einem neuen Ort des Politisch-Pathetischen indiziert vor allem eines: Seit 1989 herrscht akuter Pathosmangel.

Bis 1989 hatten Mauer und Teilung den Krieg und das »Nie wieder« als seine Folgen im Bewusstsein der Deutschen verankert. Mit dem Fall der Mauer am 9. November 1989 schien gleichermaßen die in Stein gehauene Berufung der Bundesrepublik, wie auch jene der DDR, erfüllt: ihre Existenz aus der Geschichte des Dritten Reiches und die Überwindung von dessen Folgen. Die deutsche Geschichte schien an ein Ende gelangt, die alte Republik ihre Aufgabe mit der deutschen Einheit erfüllt zu haben. Das »Nie wieder« konnte seine sinnstiftende Funktion nicht mehr in der früheren Weise erfüllen.

Ostverträge, Wiederbewaffnung, Friedensbewegung – alles hatte bis dahin seine Leidenschaft aus dem Geiste des »Nie wieder« bezogen. Im Verlauf von vierzig Jahren wurde aus der Unversöhnlichkeit des Kalten Krieges der Wille zur Versöhnung zwischen den Blöcken – als Lehre aus der Geschichte. Die Bonner Republik profitierte somit, was ihre pathetischen Ressourcen anbelangte, ebenso wie die DDR von der Nachfolge zum Dritten Reich. Umgekehrt ist die Bonner Republik, so sie denn tatsächlich zunehmend als »Pufferstaat« zur Berliner Republik begriffen werden sollte,[55] ohne vergleichbaren geschichtspolitischen Gebrauchswert. Aus ihr erwächst kein sinnstiftendes »Nie wieder«.

Kurzum: Mit der Überwindung der Teilung als dem Erbe des Dritten Reiches geriet die Republik in eine Legitimationskrise, die gerade – verglichen mit 1945 – darauf beruhte, dass ein vergangenheitsbezogener Gründungsmythos fehlte, wie es »Nie wieder Weimar« für die Bonner Republik gewesen war. Nach 1989 scheint das Land eine Republik ohne sinnstiftendes Potential geworden zu sein. Symptomatisch für diese Profanisierung der Republik ist der 3. Oktober als neuer Tag der deutschen Einheit – ein bloßes bürokratisches Vollstreckungsdatum.

Bezog die Republik vor 1989 ihre Legitimation primär aus der Bewältigung der Vergangenheit, versucht sie sich seit 1989 mit wachsendem Pathos an der Bewältigung der Zukunft.

Vom Pathos zum Ruck

Nach Auffassung vieler verlangte die gefühlte Reform- und Legitimationskrise des Landes in den neunziger Jahren förmlich nach neuem Pathos. Wenn schon die postheroisch-postpathetische Republik nicht in der Lage ist, ihren Bürgern

Blut, Schweiß und Tränen zu entlocken, sollte wenigstens ein neoliberaler »Ruck« durchs Land gehen, damit sich die Menschen den nach herrschender Meinung erforderlichen Zumutungen stellten. Der Ruck gewissermaßen als niedrigschwelliges Angebot, als Pathos der letztmöglichen Schwundstufe, formalisiert und völlig inhaltsleer.

In Bundespräsident Herzogs erster Adlon-Rede von 1997 artikulierte sich der schier verzweifelte Wille zur Umstellung der Sinnsuche – von Vergangenheits- auf Gegenwarts- und Zukunftsbewältigung. Wenn auch der Kompass fehlt, Hauptsache, es ruckt. Der Wille zum Ruck als der Wille zum Pathos steht für den Sprung in einen neuen Sinn, der nötig erscheint, da der alte abhanden gekommen ist. Gleichzeitig äußerte sich in der von Roman Herzog mit Nachdruck erhobenen Forderung ein Höchstmaß an Sinn- und Ziellosigkeit.

Nach 1998 wurde der nun regierenden SPD von den verschiedensten Seiten mehr Pathos angeraten. Gerhard Schröder erwies sich jedoch als getreuer Schüler Adornos und damit gerade nicht – anders als sein Generationsgenosse Fischer – als 68er, indem er das Pathos stur verweigerte. Mit einem kleinen Unterschied: Schröder musste bekennen, dass er Pathos nicht könne[56] – keine Frage, dass er es als rhetorische Waffe eingesetzt hätte, hätte sie ihm zu Gebote gestanden.

Auch bei Schröders Nachfolgerin Angela Merkel kann von übermäßiger Begabung zum Pathos, eigenem Bedauern zum Trotz, nicht die Rede sein. Zum Glück: Denn das beklagte pathetische Defizit der Bundesrepublik hat sich inzwischen als bedeutsame Eigenschaft erwiesen – seit der Zäsur des 11. September 2001.

VII. Pathosformel Nine Eleven: Die Rückkehr des Feindes

Der Einbruch des Terrors entpuppte sich gleichsam als globaler neopathetischer Overkill. Mit Nine Eleven trat eine Pathosformel in den Raum, die schlagartig und scheinbar spielerisch das letzte welthistorische Datum, 1989, in den Schatten stellte. Die Erklärung dafür ist schnell gefunden: 1989 firmierte als Datum rapider ideologischer Abrüstung, als Beendigung der Freund-Feind-Konstellation des Kalten Krieges, als Versprechen der Friedensdividende, kurzum: als Ende der Geschichte im Sinne einer agonalen Auseinandersetzung. Dieses Datum war damit denkbar ungeeignet, Pathos im engeren Sinne des Begriffs zu erzeugen, nämlich als Leidensbereitschaft und Entfachung von Leidenschaften im Kampf für das Gute und gegen das Böse.

1989, so die damalige Interpretation, steht letztlich für das Ende der Politik im kriegerischen Sinne, für den Wegfall des Freund-Feind-Gegensatzes und damit auch für einen ungeheuren Verlust an politischer Sinnstiftung. »Gebt uns ein (neues) Feindbild« lautete prompt nach 1989 die Parole der Kalten Krieger – eine Forderung, die umgehend mit der agonalen Gegenerzählung eines kommenden »Kampfes der Kulturen« bedient wurde.

Nine Eleven schien nun diese neopathetische Kampf- und Leidenserzählung virtuos zu bestätigen. Seit dem 11. September 2001 existiert mit dem Kampf gegen »das Böse« ein neues Sinnangebot für die nach 1989 in hohem Maße desorganisierte Welt. Bei allem Entsetzen schauten an den Tagen nach dem 11. September 2001 Tausende von Staatsmännern neidisch in die USA. Denn dort war zu beobachten, wie sich ein Land mit neuem Pathos unter seinem nationalen Banner zusammenschloss – gegen den gemeinsamen Feind.

Vom Fun-Bad ins Stahlbad

Auch die Bundesrepublik und speziell ihre Politiker und Meinungsmacher ließ diese Versuchung nicht unangefochten. Der Befund der Bellizisten war jedenfalls eindeutig: Die postheroische Bundesrepublik der wohlstandsverfetteten Ohne-Michels ist notorisch friedfertig, leidet an akutem Pathosmangel und ist aufgrund der Unfähigkeit, Krieg gegen die neuen Feinde zu führen, in die strategische Defensive geraten.

Das Aufkommen einer neuen Freund-Feind-Terminologie schlug bald auch innenpolitisch durch. Besonders deutlich wurde diese Tendenz zur Entrechtlichung erstmals in der radikalen Diktion des früheren Innenministers Otto Schily. Dessen Aussage »Wer den Tod liebt, kann ihn haben«[57] als Reaktion auf das »Ihr liebt das Leben, wir lieben den Tod« al-Qaidas implizierte die Akzeptanz des Freund-Feind-Gegensatzes – selbst unter Preisgabe bisher gültiger bundesrepublikanischer Mindeststandards wie den Verzicht des Staates auf mutwillige Tötung seiner Gegner.

Die gleiche Neigung, durch das Grundgesetz vermeintlich abgesicherte Standards in Frage zu stellen, manifestierte sich auch in der aufgeregten Debatte über die Zulässigkeit von Folter. In der rechtswissenschaftlichen Fachdiskussion sind die relativierenden Überlegungen immerhin schon bis in die Neukommentierung des Menschenwürde-Artikels im maßgeblichen Grundgesetzkommentar von Maunz/Dürig vorgedrungen. Der Kommentator Matthias Herdegen hält es in seiner Kommentierung von Artikel 1 Absatz 1 Grundgesetz »im Einzelfall« für möglich, »dass die Androhung oder Zufügung körperlichen Übels, die sonstige Überwindung willentlicher Steuerung oder die Ausforschung unwillkürlicher

Vorgänge wegen der auf Lebensrettung gerichteten Finalität eben nicht den Würdeanspruch verletzen«.[58] Ganz in diesem Sinne schreibt sein Kollege Christian Starck, Verfassungsrechtler in Göttingen und Richter am Niedersächsischen Staatsgerichtshof, in seinem renommierten Grundgesetzkommentar: Unter engen Voraussetzungen – wenn Würde gegen Würde stehe und keine andere Rettung möglich sei – »darf die Folter zunächst angedroht und gegebenenfalls unter Wahrung des Verhältnismäßigkeitsprinzips vollzogen werden«.[59] Der Heidelberger Staatsrechtslehrer Winfried Brugger geht sogar noch einen Schritt weiter. Unter bestimmten Umständen dürfe die Polizei nicht nur foltern: »sie muss es auch«. Daraus aber folgt nichts anderes als die Pflicht, im Ernstfall zu foltern.[60]

Für den ehemaligen Präsidenten des Bundesverfassungsgerichts, Ernst-Wolfgang Böckenförde, markieren diese Änderungen einen »Epochenwechsel« in der Geschichte der Bundesrepublik, nämlich das Ende der Unantastbarkeit der Menschenwürde.[61] Und Heinrich Wefing stellt zu Recht fest: »Der Staat, der foltert, ist kein Rechtsstaat mehr.«[62]

Der Bürger als Feind im »gebändigten Krieg«

Noch erheblich weiter als die Überlegungen Herdegens gehen jene, die seit geraumer Zeit der Bonner Strafrechtsprofessor Günther Jakobs anstellt. Indem Jakobs zwischen Bürgerstrafrecht und Feindstrafrecht unterscheidet, schafft er systematisch Zonen völliger Rechtlosigkeit. Im Gegensatz zum Bürgerstrafrecht, in dessen Rahmen Täterinnen und Täter weiterhin als Mitglied der Rechtsgemeinschaft geachtet werden, setzt das Jakobsche Feindstrafrecht für eine bestimmte Gruppe von Menschen die Achtung als Rechtspersonen gezielt außer Kraft. Es kommt laut Jakobs dann zur Anwendung, wenn Menschen sich derart fundamental gegen die Rechtsordnung stellen, dass mit ihnen eine rechtliche Gemeinschaft nicht möglich ist. Wer die Rechtsordnung nicht anerkenne, verwirke die »kognitive Mindestgarantie [...] für die Behandlung als Person« und habe keinen Anspruch darauf, wie eine Person mit gleichen Rechten behandelt zu werden.[63] Dies gelte für Hangtäter, Berufsverbrecher und, vor allem, Terroristen.

»Feinde vernichtet man«

Ebenfalls ganz im Geiste von Carl Schmitt argumentiert der emeritierte Verfassungsrechtler Gerd Roellecke: »Feinde bestraft man nicht. Feinde ehrt und vernichtet man.« Explizit auf Roellecke bezieht sich wiederum der jüngst von Innenminister Wolfgang Schäuble wärmstens empfohlene Staatsrechtler Otto Depenheuer.[64] Wie seine Kollegen Brugger und Jakobs sieht er das Grundgesetz nicht für den terroristischen Ernstfall gerüstet. Nach seiner Ansicht ist der Terrorist keine rechtliche Person. Als Feind der Rechtsordnung existiere er nur noch als rechtloses Individuum im Hobbesschen Naturzustand. Er darf folglich mit allen zu Gebote stehenden Mitteln bekämpft werden.

In der Stunde der Not müsse der Normstaat, »wenn man nicht untergehen will«, so Günther Jakobs mit Blick auf den 11. September, zum »gebändigten Krieg« gegen die erklärten Feinde seiner Rechtsordnung übergehen. Geboten sei die Reduktion des Rechts auf die rein instrumentelle »Maßnahme«, um den Feind zu bekriegen und zu besiegen.[65]

Diese (tödliche) Unterscheidung zwischen Bürger und Feind steht in völligem Widerspruch zu den Prinzipien des Grundgesetzes, wonach Personen ungeachtet ihrer Gesinnung die Menschenwürde zusteht. Sie entspricht aber exakt der Auffassung der Bush-Regierung, wonach ein Präsident in Kriegszeiten Feinde des Staates, sogenannte *enemy combatants,* den Kriegsgefangenenstatus verwehren und daher ohne weitere Begründung und ohne Zugang zu den Instrumenten des Völkerrechts festsetzen darf – wie dies in Guantánamo und an zahlreichen anderen Orten der Welt geschieht. Wenn aber gleichzeitig der Krieg gegen den Terror als unbegrenzt definiert wird, wird der Zustand der Rechtlosigkeit verewigt; die Rechtsfreiheit wird System. Die Rechtlosigkeit der Insassen von Guantánamo wie die Folterungen von Abu Ghraib sind Ausfluss dieser systemischen Rechtlosigkeit. Der Rechtsstaat wird damit dauerhaft zum unkontrollierbaren »Maßnahmestaat«,[66] der allein vom Ausnahmezustand her bestimmt wird.

Ganz in diesem Sinne plädiert der bereits zitierte Michael Pawlik dafür, in der Auseinandersetzung mit dem modernen Terrorismus auf Elemente des Kriegsrechts zurückzugreifen – und zum Beispiel auch über präventive Inhaftierungen nachzudenken. Alles andere bedeutet nach Pawlik das Beharren auf einem »wirklichkeitsenthobenen Rechtsstaatsideal«.[67]

Wer ist der Feind?

Mit der Propagierung einer Rückkehr des Kriegs- und Ausnahmezustandes manifestiert sich der Wille zur Entscheidung über Freund und Feind. Was aber macht den Feind für die Anhänger dieser Theorie aus?

Nicht viel – wie nicht nur die fatale Definition Carl Schmitts, sondern auch eine sich immer stärker verdichtende Praxis belegt. Nach Schmitt ist der Feind ganz schlicht »eben der andere, der Fremde, und es genügt zu seinem Wesen, dass er in einem besonders intensiven Sinne existenziell etwas anderes und Fremdes ist«.[68] Der Feind ist somit Bedrohung der eigenen Existenz.

Die Frage ist nur: Was ist das existenziell andere in Abgrenzung zum eigenen, und wer bestimmt darüber? Die Beantwortung dieser Frage bleibt bei Schmitt allein der Dezision des betroffenen Staates überlassen.

Indem er über die ihm Zugehörigen entscheidet, entscheidet letztlich der Staat auch über seinen jeweiligen Feind. Wenn beispielsweise die USA – ganz postmodern – als Wesensmerkmal staatsbürgerlicher Existenz den *American way of life* definieren und denselben schützen (wie bereits in ihrer letzten Sicherheitsdoktrin geschehen), wird ein jeder zum Feind, der Anstalten macht, die USA an der Verfolgung eben jenes *American way of life* zu hindern – etwa indem er den Zugang zu den dafür erforderlichen Ressourcen erschwert.

Europas Feinde – jenseits der Grenze

Diese Tendenz zu einer zunehmenden Verfeindung ist jedoch keineswegs amerika-spezifisch, sondern auch in Deutschland und Europa zu beobachten. Während jedoch für Amerika der Krieg unter George W. Bush wieder zum Weltanschauungskrieg wurde, herrscht auf dem europäischen Kontinent bisher ein wesentlich sachlicheres, weit weniger ideologisches Feindverständnis, wie es nicht zuletzt im geltenden Asylrecht, genauer: der Praxis der Asylrechtsverhinderung zum Ausdruck kommt.

Seit 1989 hat nicht nur die Bundesrepublik ihr Asylrecht drastisch restriktiver gefasst. Längst werden heute bereits außerhalb Europas neue, sogenannte *smart borders* errichtet. Die Kontrolle beginnt weit jenseits der europäischen Landesgrenzen, etwa durch die biometrische Erfassung der Gesichtskonturen und der Fingerabdrücke bei der Beantragung eines Einreisevisums. Die USA sind schon lange soweit, doch auch in der EU liegen Pläne nicht mehr nur in der Schublade, die dazu dienen sollen, missliebige Personen schon vor der Einreise zu erfassen und gegebenenfalls zu selektieren.

Die fortschreitende Abschottung Europas und damit auch der Bundesrepublik funktioniert damit faktisch als permanente Feinderklärung – ohne dass der Feind überhaupt noch als solcher bezeichnet würde. Der potentielle Eindringling wird als im Schmittschen Sinne wesentlich anderer daran gehindert, zu uns zu gelangen – mit der Begründung, dass Europas Überleben sonst in Frage gestellt würde. Der potentielle Asylant wird damit zum Feind ohne explizite Feind- oder Kriegserklärung, sondern durch bloße Verwaltungspraxis. Faktisch bewirkt diese Abschottung Jahr für Jahr ungezählte Todesurteile, ohne dass die westliche Welt daran Anteil nähme. Wie die Touristen an den italienischen Stränden, die angesichts angeschwemmter Leichen nicht einmal mehr das Handtuch verlassen, geht auch die europäische Öffentlichkeit nach jedem Drama auf hoher See umgehend zur Tagesordnung über. Dabei sind allein in den letzten Jahren über zehntausend Menschen an den südlichen Meeresgrenzen Europas ertrunken, die nur ein Ziel kannten: Afrika zu verlassen, um das gelobte Europa zu erreichen. Und weitere Tausende stehen bereits in den Startlöchern.

Ein ähnliches Schicksal droht heute auch dem Flüchtling aus Afrika, der auf dem Weg nach Europa riskiert, in afrikanischen Sammellagern an unbekannten Orten ohne jeden Rechtsanspruch zu verschwinden. Am Ende steht auch hier eine willkürliche Entscheidung ohne rechtliches, geschweige denn grundgesetzlich garantiertes Verfahren.

Im Prozess dieser schleichenden Verfeindung werden Individualrechte radikal entwertet. Abgeschlossene Kollektive gewinnen wieder an Bedeutung, der Einzelne hingegen verliert fundamental: »Aus den Augen aus dem Sinn« lautet die herrschende Maxime nicht nur, aber besonders exemplarisch in der Asyl- und Abschiebepraxis. Am Ende dieser Entwicklung steht tatsächlich – wie in der Theorie des Philosophen Giorgio Agamben – das Lager, in dem der unsichtbare Einzelne über keinerlei Rechte mehr, sondern nur noch über sein nacktes Leben verfügt. An diesem Zustand, der inzwischen an vielen Orten der Welt herrscht, dürfte auch die Schließung des Lagers in Guantánamo nichts Grundsätzliches ändern.[69]

Auf der anderen Seite taucht der Feind als der andere zunehmend auch im eigenen Umfeld auf – und das nicht nur als terroristischer »Schläfer«. Es entsteht eine neue Exterritorialität im Territorialen: die *sans-papiers*, die Staatenlosen, Menschen ohne Staatsbürgerschaft – die als bloße Gefährdung staatlicher Sicherheit und damit als Feinde erscheinen.

Faktisch erleben wir in Deutschland einen grundlegenden mentalen Paradigmenwechsel nach Nine Eleven: Vom Prinzip der Solidarität zum Primat der Sicherheit. Indem das Freund-Feind-Denken immer mehr an Macht gewinnt, droht der Rechtsstaat durch maßnahmestaatliche Verfahrensweisen ausgehöhlt zu werden. Der westliche Vorsorge- oder Wohlfahrtsstaat mutiert mehr und mehr zum reinen Nachtwächter- und Sicherheitsstaat.

Mein Feind, der Ausländer

Wie weit die neue Freund-Feind-Logik inzwischen auch auf den intellektuellen Diskurs und bis in die Feuilletons durchschlägt, zeigte sich Anfang 2008. Anlässlich eines brutalen, von U-Bahn-Kameras festgehaltenen Überfalls zweier ausländischer Jugendlicher auf einen Rentner hatte der hessische Ministerpräsident Roland Koch drakonische Strafen gefordert. Daraufhin erlebte das Land eine erstaunliche intellektuelle Affektenthemmung.

Indem FAZ-Herausgeber Frank Schirrmacher in seinem Aufmacher mit der Überschrift »Junge Männer auf Feindfahrt« den Feindbegriff in die Debatte einführte, spielte er leichtfertig mit dem Feuer.[70] Und zwar mit Hilfe einer völlig haltlosen Indizienkette. Dass die an der Gewalttat Beteiligten von »Scheißdeutschen« oder »Schweinefressern« gesprochen haben, ist Schirrmacher hinreichender Beleg dafür, dass man es hier mit einer neuen Form der »Deutschenfeindlichkeit« zu tun habe, die jetzt in eine Phase des »punktuellen Totschlagens Einzelner« übergehe. Man möchte nicht wissen, wie viele Deutsche täglich die Scheißausländer, Kümmeltürken oder wen auch immer auf den Mond wünschen und ihre Aggressionen dabei gelegentlich nicht nur verbal ausleben – ohne dass deshalb beispielsweise auf eine eliminatorische Türkenfeindlichkeit geschlossen würde. Selbst Altbundeskanzler Helmut Kohl, dem FAZ-Herausgeber ansonsten herzlich zugetan, gab warnend zu bedenken: »Ob wir jetzt schon von einer neuen ›Deutschenfeindlichkeit‹ sprechen sollten, weiß ich nicht. Aber dass wir darüber reden, ist schon bemerkenswert.«[71]

In der Tat. Dass Schirrmacher mit diesem Begriff gefährlich dramatisierte, wusste er vermutlich selber. Völlig zu Recht bezeichnet er es als »eine der größten Leistungen« der Bundesrepublik, »den inneren Feind nicht zu postulieren«. Selbst der RAF gelang es letztlich nicht, als kriegsführende Partei anerkannt zu werden und damit der Gesellschaft den Feindbegriff aufzuzwingen. Implizit versuchte Schirrmacher nun eben dies. Und niemand begriff dies schneller als der in dieser Hinsicht stets empfängliche Springer-Konzern.

Die Bild-Zeitung erkannte sofort den eigentlichen, gefährlichen Kern der Schirrmacherschen Argumentation, um ihn unverzüglich mit Genuss zu popularisieren. Nur einen Tag später übertitelte sie ihre Seiten 2 und 3 auf ganzer Breite mit dem entscheidenden Schirrmacher-Zitat: »Sie haben begonnen, einen Feind zu identifizieren.« CSU-Hardliner Peter Gauweiler sekundierte prompt und plädierte für die Ausweitung der Kampfzone: »Deutschland wird in den U-Bahnen verteidigt.«[72]

Die Ironie der Angelegenheit: Auf den ersten Blick war in der Bild-Zeitung nicht einmal zu erkennen, wer den Feind ausgemacht und die Feindschaft ausgerufen hatte – die kriminellen Jugendlichen oder der FAZ-Herausgeber höchstselbst. Das aber trifft den Kern des Skandals. Dass nämlich Deutsche mit Migrationshintergrund bei ihren jüngsten Gewalttaten von ihren Opfern explizit als Feinden gesprochen hätten, konnte selbst Schirrmacher nicht behaupten. Ungeachtet dessen führte er den Feindbegriff in die Debatte ein und setzte damit dessen politische Ächtung außer Kraft, die die alte Bundesrepublik gekennzeichnet hatte.

Neben der Bild-Zeitung machte, quasi in konzertierter Aktion, auch das Intelligenzblatt des Springer-Verlages, Die Welt, mobil. Chefredakteur Thomas Schmid stellte die entscheidende Frage: Was macht die von Schirrmacher als Feinde ausgemachten »jungen männlichen Ausländer mit Migrationshintergrund« in ihrem Wesenskern aus? Für Schmid sind sie dadurch charakterisiert, dass »sie die deutsche Gesellschaft von außen, mit fremden Augen betrachten. Etliche von ihnen wollen ihr nicht angehören [...]. Sie stellen so etwas wie einen existenziellen, fast körperlichen Dissens zur Mehrheitsgesellschaft dar.«[73] Damit aber gerät der einstige linke Vordenker Schmid begrifflich in beängstigende Nähe zu Carl Schmitt. Nach Schmitt ist der Feind »eben der andere, der Fremde [sic], und es genügt zu seinem Wesen, dass er in einem besonders intensiven Sinne existenziell [sic] etwas anderes und Fremdes ist«. Deswegen, so konnte man problemlos mit Thomas Schmid fortfahren, »bleiben ihnen [den kriminellen Migranten] die Regeln, die hier gelten sollten, fremd. Sie beziehen sie nicht auf sich selbst« – »so dass«, wiederum nach Carl Schmitt, »im extremen Fall Konflikte mit ihm [dem Fremden und Feind] möglich sind, die weder durch eine im voraus getroffene generelle Normierung, noch durch den Spruch eines ›unbeteiligten‹ und daher ›unparteiischen‹ Dritten entschieden werden können.«[74]

Wenn aber diese feindlichen Personen nicht mehr im Rahmen des liberalen Rechtsstaates zu behandeln sind, sprich: durch allgemeingültiges Gesetz und unabhängigen Richterspruch, wirft dies die nächste entscheidende Frage auf: Wie geht man mit derartigen Feinden der Gesellschaft um? Offensichtlich müssen und sollen nach dieser Argumentation für sie andere Gesetze als für die Bürger der Gesellschaft gelten.

Hier wird die eigentliche Brisanz von Schirrmachers Argumentation deutlich. Indem sie dem hochproblematischen Feindbegriff Einlass ins (vermeintlich) liberale Feuilleton gewährt, macht sie dieses an Gebiete anschlussfähig, die längst wesentlich weiter sind. Der Schirrmacher-Diskurs überführte »nur« den Feindbegriff aus der Terrorismusdebatte in die innenpolitische Diskussion. Am Ende der Eskalationslogik steht bei Schirrmacher die mit allen Mitteln zu bekämpfende, angeblich potentiell »tödliche Ideologie« des einundzwanzigsten Jahrhunderts – der Kampf gilt einer gemeingefährlichen »Mischung aus Jugendkriminalität und muslimischem Fundamentalismus«, für die Schirrmacher jegliche empirische Faktenbasis schuldig bleibt.

Wer derart leichtfertig den Feindbegriff reimportiert, leistet letztlich der Verfeindung Vorschub – und dem potentiellen Kampf auf Leben und Tod zwischen den Bürgern und ihren angeblichen Feinden.

Noch sind wir zum Glück nicht soweit; noch muss der Rechtsstaat seine Gegner als Rechtssubjekte achten, selbst wenn sie sich als Feinde gerieren. Der jüngste Feuilleton-Diskurs hat jedoch der ohnehin herrschenden Tendenz zur Polarisierung der Gesellschaft zusätzlich Auftrieb gegeben.

VIII. Der neue Klassenkampf

Tatsächlich spricht vieles dafür, dass wir es zukünftig auf weiteren Feldern der Gesellschaft mit einer neuen Verfeindung zu tun bekommen. Neben dem Feld des Politisch-Religiösen droht sich der Freund-Feind-Gegensatz auch verstärkt auf das Feld des Ökonomischen auszuwirken.

Gleichzeitig ist es das Ökonomische, das dem gesellschaftlich-politischen Freund-Feind-Gegensatz regelmäßig erst den Boden bereitet. Ökonomische Krisen fungieren als Katalysator, der dem Freund-Feind-Dualismus erst zum Durchbruch verhilft. So sorgten die gewaltigen sozialen Verwerfungen in Folge der Weltwirtschaftskrise von 1929 für jenen Brennstoff, der den politischen Bürgerkrieg zwischen den Feinden der Weimarer Republik weiter anheizte. Erst die ökonomische Krise ließ die politischen Auseinandersetzungen auf der Rechten und Linken so massiv eskalieren und bescherte schließlich den Nationalsozialisten jenen eminenten Zulauf, der ihnen die Machterlangung ermöglichte.

Dass Bonn nicht Weimar wurde, beruhte somit in erster Linie darauf, dass der alte Klassengegensatz durch ökonomische Stabilität überwunden wurde. Mehr noch als die Politik Konrad Adenauers war es das von Ludwig Erhard lancierte Wirtschaftswunder, das die junge Bundesrepublik befriedete. Die Zustimmung der Bürger zur Bonner Republik als Konsens- wie Konfliktgemeinschaft wurde durch die klassenübergreifende Prosperität garantiert. »Wohlstand für alle« lautete das Versprechen der neugeschaffenen Bundesrepublik – soziale Sicherheit inbegriffen.

Mit dem sozialen Fahrstuhl sollte es für alle, so sie sich nur fleißig anstrengten, kontinuierlich nach oben gehen – was es in den fünfziger Jahren ja auch tat. Dabei mag, wie Hans-Ulrich Wehler feststellt, der nur auf das Feld des Ökonomischen umgeleitete NS-Leistungsfanatismus in der Tat als willkommener Katalysator gewirkt haben.[75]

Auch wenn es in der alten Republik dezidiert keine Stunde Null gab und die Konzentration von Produktivvermögen recht bald wieder einsetzte: Das Empfinden war ein anderes. Mit persönlichem (Bildungs-)Einsatz den eigenen Aufstieg bewerkstelligen zu können war mehr als bloße Illusion. Im vergangenen »sozialdemokratischen Jahrhundert«[76] griff das Rawlssche Verteilungsprinzip: Von Wohlstandszuwächsen der Reichsten profitierten auch die sozial Schwächsten.

Parallelen zwischen 1949 und 1989

So unterschiedlich auch die Situationen waren, erwuchsen Attraktivität und Überzeugungskraft der ganz frühen wie der späten Bonner Republik primär aus dem Wohlstandsversprechen. Bei allem Bedürfnis nach Freiheit, das sich in der Revolution von 1989 manifestierte, war es doch in erster Linie die Erwartung neuer ökonomischer Erwerbsmöglichkeiten, die zunächst die Ausreisewelle und dann die Massendemonstrationen in Gang setzte.

Das zeigte sich auch daran, wie schnell sich die auf ein einiges Deutschland drängende Parole »Wir sind ein Volk« durchsetzte. Der westliche Teil Deutschlands hatte den Wettbewerb der Systeme für sich entschieden – und versprach nun den ersehnten Wohlstand. Damit hatte man schließlich gegenüber den Brüdern und Schwestern im Osten all die Jahre geworben. Diese nahmen die Verheißung nun für bare Münze, wie der bekannte Demonstrationsslogan zum Ausdruck brachte: »Kommt die D-Mark nicht zu uns, geh'n wir zu ihr.«[77] Am Ende war es das »Bündnis zwischen Kohl und der ostdeutschen Bevölkerung«, das die Vereinigung herbeiführte und das (neuerliche) Experiment eines dritten Weges auf dem Territorium der DDR verhinderte. Erst mal alles so machen wie im Westen, dann können wir immer noch weitersehen – dies war nach Ansicht des ehemaligen Bürgerrechtlers Jens Reich die vorherrschende Haltung des Wendejahres 1989/90.[78]

Somit war es nicht zuletzt die Wohlstandsverheißung der alten, Bonner Bundesrepublik, Reisefreiheit inklusive, die 1989 die Mauer zum Einsturz brachte – genau wie es die Strategen der Entspannungspolitik mit der Schaffung von immer mehr Kontakt- und Besuchsmöglichkeiten erhofft und erwartet hatten.

Der heutige, oftmals nostalgische Rückblick vieler ehemaliger DDR-Bürger auf ihren früheren Staat erklärt sich primär daraus, dass dieses Wohlstandsversprechen für erhebliche Teile von ihnen bloßes Versprechen blieb – und bis heute nicht eingelöst wurde. Angesichts der rauen Gegenwart verliert selbst die graue DDR zusehends ihren abschreckenden Charakter. Zwanzig Jahre nach den revolutionären Ereignissen von 1989 drohen in weiten Teilen Ostdeutschlands die Integrationsbemühungen der Bundesrepublik zu scheitern; das belegt nicht zuletzt die massive Ausbreitung systemfeindlicher neonazistischer Gesinnungen.

Hier zeigt sich eine interessante Parallele – wenn auch gerade in der Gegensätzlichkeit der Ereignisse: In der alten Bundesrepublik erfolgte der Bruch mit der überkommenen obrigkeitsstaatlichen Haltung erst zwanzig Jahre nach ihrer Gründung, und zwar durch eine nachwachsende Generation, deren materielle Basis und berufliches Fortkommen weitgehend gesichert waren. Somit wurde erst die ökonomische Grundlage geschaffen, bevor die Fragen nach Integrität und Vergangenheit der Bürger der neuen Republik gestellt wurden. Dass diese materielle Sicherung auf dem Gebiet der ehemaligen DDR zwanzig Jahre nach deren Ende für viele bis heute nicht erreicht worden ist, erschwert nach wie vor die kritische Aufarbeitung der DDR-Geschichte und trägt zu deren Romantisierung bei.

Die alte soziale Frage

Die Lehre aus Weimar und Bonn lautet folglich: Ohne soziale Integration ist alles – fast – nichts. Genauer: Ohne materielle Basis wird die Entstehung demokratischer Gesinnung erheblich erschwert. Hier liegt die politisch-demokratische Brisanz der aktuellen ökonomischen Krise. Sie stellt die Bundesrepublik auf eine schwere Probe.

Die schwindende soziale Mobilität und die fortschreitende soziale Deklassierung künden die Rückkehr der »alten sozialen Frage« und eine immer tiefer gehende Spaltung der Gesellschaft an.[79] Die wachsende Wohlstandskluft stellt ein Problem dar, das die Wurzeln der bundesrepublikanischen Identität berührt. In den kommenden Jahren wird sich erweisen müssen, inwieweit die Republik in der Lage ist, die ihr auferlegte Prüfung zu bestehen: nämlich anders als in den vergangenen sechzig Jahren die heterogenen Bevölkerungsteile trotz schwindenden Zusammenhalts zu integrieren.

Ist Demokratie in der Bundesrepublik überhaupt ohne Wohlstands-Wachstum, ja sogar bei abnehmendem Wohlstand möglich? Oder vermag Deutschland nur unter wirtschaftlichen Wohlstandsbedingungen, als Schönwetter-Demokratie zu bestehen?

Tatsächlich dürfte die ökonomische Basis in den nächsten Jahren – angesichts der absehbaren Rezession – weiter schrumpfen, das gesellschaftliche Konfliktpotential dagegen weiter anwachsen. Die bereits heute erkennbare aggressiv-resignative Verbitterung jener, die die Durchleuchtung ihrer Einkünfte und ihres schmalen Vermögens im Zuge von Hartz IV als massive Deklassierung erleben, mag eine Ahnung davon vermitteln, welche ökonomischen Spaltungen und Verfeindungen in dieser Gesellschaft möglich sind, wenn der Wohlfahrtsstaat kontinuierlich erodieren sollte.

»Ich werd' Hartz IV«

Inzwischen beginnt das Prinzip der Verfeindung, wenn auch vorerst noch schleichend, in Folge der »Rückkehr der Klassengesellschaft« die Republik zu infizieren. Indem immer mehr Menschen jeglicher Zukunftschancen dauerhaft beraubt werden, kehren alte Friktionen und Klassengegensätze zurück.

Wie zahlreiche Studien belegen,[80] hat sich in keinem anderen Land der westlichen Welt die Schere zwischen Arm und Reich in den vergangenen Jahren stärker geöffnet. Von der Jahrtausendwende bis 2005 verschärften sich die Einkommensunterschiede, stieg der Anteil der Armen in Deutschland schneller als in allen anderen 29 OECD-Ländern. Lebten 2000 noch 9,2 Prozent der Bevölkerung unterhalb der Armutsgrenze, waren es 2005 bereits 11 Prozent. Besonders für Kinder nahm das Armutsrisiko rasant zu: Seit 1985 stieg ihre Armutsquote von 11 auf 16 Prozent – und damit fünfmal so schnell wie im OECD-Durchschnitt.[81]

Hinzu kommt noch etwas anderes: In keinem anderen Staat hängt der spätere soziale Status so stark von der sozialen Herkunft ab wie in Deutschland. Abstammung und Herkunft statt Talent und Befähigung entscheiden zusehends über die individuellen Zukunftschancen. Auf diese Weise werden Armut oder Reichtum von einer Generation auf die nächste übertragen. Armut wird regelrecht vererbt – und damit zementiert.[82] So entstehen ganze Familienzusammenhänge, deren Mitglieder ohne Erwerbsarbeit sind, sprich: Sozialhilfebiographien in der zweiten und dritten Generation. Insofern beruht das heute auf vielen Hauptschulen zu hörende Schlagwort »Ich werd' Hartz IV« auf einer erschreckend realistischen Einschätzung der Lage.

Daran ließe sich nur etwas ändern, wenn der rasant zunehmenden Zahl von Marginalisierten Möglichkeiten zur gesellschaftlichen Integration und zum Aufstieg aus eigener Kraft geboten würden – in erster Linie durch Bildung. Dafür aber muss sich die Gesellschaft als hinreichend durchlässig erweisen. Hier gerade lag eine evidente Stärke der alten Bonner Republik.

Fatalerweise wird derzeit auf dem Bildungssektor die Lage aber nicht ent-, sondern weiter verschärft. Wie nicht nur die Pisa-Studie belegt, verfestigen sich die Unterschiede statt sich einzuebnen.[83] Heute ist die Bundesrepublik einsame Spitze bei der frühen Selektion von Schülerinnen und Schülern: »In keinem vergleichbaren Industrieland werden die Weichen für den Bildungs(miss)erfolg so frühzeitig und zugleich so nachhaltig gestellt.«[84]

Zunehmend beginnt die Selektion bereits mit der Auswahl des Kindergartens, setzt sich in der Grundschule fort und endet nicht einmal mit dem Gymnasium oder gar dem Studienbeginn: Gerade Gymnasiasten aus bildungsfernen Schichten, so sie sich im dreistufigen Schulsystem überhaupt durchsetzen konnten, werden durch die mittlerweile flächendeckend eingeführten Studiengebühren vermehrt vom Besuch einer Universität abgehalten.

Das Ergebnis der Misere: Im OECD-Durchschnitt erreichen in der Bundesrepublik erschreckend wenig Studenten einen Abschluss. Während sich der Anteil der Studienabschlüsse OECD-weit seit 1995 auf 37 Prozent eines Jahrgangs verdoppelt hat, schlossen in Deutschland 2006 nur 21 Prozent ein Studium ab.[85] Auch wenn die Bundeskanzlerin zu Recht feststellt, dass Wohlstand für alle heute mehr denn je Bildung für alle bedeutet: Von der vollmundig propagierten Bildungsrepublik Deutschland sind wir noch immer meilenweit entfernt.

Das Ende des Modells Deutschland

Heute droht zu schwinden, was die Bonner Republik einst auszeichnete, die Neutralisierung der ökonomischen Antagonismen. Im Wahlkampf 1976 erläuterte der damalige Bundeskanzler Helmut Schmidt die Besonderheit des »Modells Deutschland« wie folgt: Während es üblicherweise drei Produktionsfaktoren gebe – Arbeit, Kapital und Boden –, habe Deutschland einen zusätzlichen, vierten: den sozialen Frieden. Mittlerweile hat sich erwiesen, dass jener gesellschaftliche Frieden der alten Bundesrepublik aus einer spezifischen historischen Situation erwuchs, in der die Einhegung der ökonomischen Machtstrukturen gelang.

In den vierzig Jahren der Bonner Republik akzeptierten die Unternehmen das Modell Deutschland – keineswegs primär aus eigenem Antrieb, sondern weil sie gezwungen wurden, Verantwortung gegenüber der Gesellschaft und ihren Arbeitnehmern zu übernehmen, durchaus unter partiellen Abstrichen bei den eigenen Renditeinteressen. Daraus resultierten gesellschaftliche Errungenschaften wie Demokratisierung und Mitbestimmung in den Betrieben. Dieser Prozess vollzog sich unmittelbar nach Ende des Zweiten Weltkriegs – aufgrund der kapitalistischen Exzesse der ersten Hälfte des Jahrhunderts und des parteiübergreifenden Willens zur Verhinderung ökonomischen Machtmissbrauchs – und vor allem in den sozialliberal regierten siebziger Jahren. Erst die großen Sozialreformen in der alten Bundesrepublik setzten – vermeintlich endgültig – jenen scharfen Klassenauseinandersetzungen ein Ende, die maßgeblich zum Untergang von Weimar beigetragen haben.

Das änderte sich jedoch mit dem Umzug von Bonn nach Berlin und der von der rot-grünen Regierung umgesetzten Agenda-Politik. Hartz IV machte die Brüche in der Gesellschaft in bisher ungeahnter Weise sichtbar.

Das Schwinden des Systemvertrauens

Der eigentliche Beginn dieser – heute (fälschlicherweise) als neoliberal bezeichneten – Verschiebung ist jedoch früher anzusetzen. Sie begann bereits in den achtziger Jahren, im Zuge der von Maggie Thatcher und Ronald Reagan verfochtenen Politik des radikalen Staatsabbaus.

In Deutschland fanden entsprechende Programme allerdings erst verspätet Anklang, nämlich nach dem vermeintlichen Sieg über den realexistierenden Sozialismus. In der alten Bundesrepublik des Kalten Krieges herrschte der wohltemperierte Kapitalismus der sozialen Marktwirtschaft – mit den bereits skizzierten Folgen. Seit 1989 erodiert nun der soziale Gründungskompromiss der Bundesrepublik: das Prinzip von gehegtem Konflikt und Kompromiss zwischen Arbeitgebern und Gewerkschaften. Dieser Ausgleich schuf erst jene Massenloyalität, die der Erfolgsgeschichte des bundesrepublikanischen Sozialstaats zugrunde lag.

Heute lernen wir dagegen notgedrungen, die alte Bundesrepublik als geschichtliche Übergangserscheinung zu begreifen. Seit 1989 vollzieht sich eine gewaltige globale Machtverschiebung, zu Lasten der Politik und zugunsten der Ökonomie. Inzwischen hat sich die Bundesrepublik sehr weit von ihrer einstigen sozialökonomischen Verfasstheit entfernt. Die soziale Spaltung des Landes greift immer tiefer. Bis weit in die Mittelschichten hinein haben sich Perspektivlosigkeit und schiere Angst breitgemacht. »Altersarmut, das ist absehbar, wird zu einem Massenphänomen, sie verändert grundlegend das Gesicht des Landes und den Alltag seiner Bürger. Mancher, der in den sechziger Jahren des vorigen Jahrhunderts im schicken Neubaugebiet aufgewachsen ist, wird froh sein, wenn er in den dreißiger Jahren des einundzwanzigsten Jahrhunderts nicht im Armenasyl endet.« Diese alarmierende Prognose steht heute nicht etwa in einem Manuskript von Oskar Lafontaine, sondern im Spiegel – in den vergangenen Jahren alles andere als bekannt für sozial sensible Berichterstattung.[86]

Damit aber enden auch die Zeiten jenes enormen Systemvertrauens, das noch die neunziger Jahre geprägt hatte. Insbesondere die Wirtschaft hielt man für hochgradig selbstregulativ. Aber bereits der 11. September erschütterte das Vertrauen in das politische System nachhaltig. Und in Folge der Finanzkrise zeigt sich nun schlagartig, dass von einer wundersam heilenden unsichtbaren Hand auf den globalen Märkten nicht die Rede sein kann.

Gleichzeitig wird die Leistung der Marktwirtschaft nicht nur in den neuen Bundesländern zunehmend infrage gestellt. Tatsächlich ist im Vergleich zur alten Bundesrepublik die Krisenanfälligkeit der gesellschaftlichen Ordnung spürbar gewachsen. Kurzum: Das Vertrauen in das westliche System und seine Lösungsfähigkeit schwindet – und davon wird auch die Demokratie zunehmend erfasst. Ohne ein gewisses Maß an Grundvertrauen aber kann kein System, kann keine Gesellschaft langfristig funktionieren.

IX. Nischengesellschaft Bundesrepublik

Was aber hätte die Berliner Republik diesen Tendenzen eines größer werdenden, an die demokratischen Wurzeln gehenden Vertrauensverlusts entgegenzusetzen?

Der Soziologe Ralf Dahrendorf formulierte bereits 1965 in seinem inzwischen zum Klassiker avancierten Buch *Gesellschaft und Demokratie in Deutschland* vier Fragen, die nach seiner Ansicht Aufschluss geben über die gesellschaftliche Verankerung von Demokratie.[87] Auch heute noch sind diese Fragen taugliche Parameter, um den demokratischen Zustand der Bundesrepublik zu ermessen.

Erstens: Gibt es staatsbürgerliche Rechte und einen verbreiteten, ja allgemeinen Sinn für tätige Bürgerschaft beziehungsweise *citizenship*? Zweitens: Sind Menschen bereit und in der Lage, mit Konflikten zu leben, oder suchen sie immer die eine, allgemeingültige und tendenziell autoritäre Antwort? Drittens: Gibt es tonangebende Eliten, die selbstbewusst genug sind, einer Mehrzahl von Haltungen und Meinungen Ausdruck zu geben? Und viertens: Kennt die Gesellschaft allgemein praktizierte Tugenden des Zusammenlebens, also eine gesellschaftliche Öffentlichkeit, die sich der politischen Probleme tatsächlich annimmt?

Noch im Jahr 2006 meinte Dahrendorf – als Gastredner zur Feier des Tages der Deutschen Einheit vermutlich milde gestimmt –, dass in allen Bereichen die einstigen deutschen Missstände überwundern worden seien und sich die Verhältnisse auf sicherem europäischem Normalniveau eingependelt hätten. Drei Jahre später kommt man jedoch bei sachlicher Betrachtung in allen vier Bereichen zu einem ernüchternden Befund.

Der Rückzug der Staatsbürger

Was die erste Frage – nach der tätigen Bürgerschaft – anbelangt, erleben wir einen fortschreitenden Rückgang. Zwar engagieren sich weiterhin Hunderttausende in Parteien, Vereinen, freiwilligen Feuerwehren und dergleichen. Allerdings kämpfen sämtliche dieser Organisationen öffentlicher, bürgerschaftlicher Betätigung mit erheblichen Nachwuchsproblemen. Das betrifft selbst die Bürgerbewegungen und Nichtregierungsorganisationen (NGOs), die zeitweilig aufgrund ihrer Flexibilität als *die* kommenden politischen Organisationen des einundzwanzigsten Jahrhunderts angesehen wurden.

Das eigentliche Problem geht jedoch tiefer. Heute stellt sich die Frage, inwieweit sich der Einzelne überhaupt noch als Mitglied des Gemeinwesens im Dahrendorfschen Sinne, also als Staatsbürger begreift. Diese Rolle hängt, wie wir gegenwärtig erleben, maßgeblich von der sozialökonomischen Verfasstheit der Gesellschaft ab.

Bereits Dahrendorf erkannte, dass es für echte Staatsbürgerschaft eines Minimums an gesellschaftlicher Gleichheit bedarf – im Sinne gleicher Möglichkeiten zur Teilnahme an den gesellschaftlichen Angelegenheiten, an der *res publica*. Heute erodiert eben diese Voraussetzung. Immer mehr Menschen entscheiden sich deshalb, um die bekannten Handlungsstrategien Albert O. Hirschmans zu zitieren, für die *exit*-Option – und dagegen, ihre *voice*, ihre Stimme geltend zu machen.[88] Das manifestiert sich sowohl am unteren als auch am oberen Rand der Gesellschaft.

Unten sieht sich eine immer größere Zahl von Menschen von gesellschaftlicher Beteiligung schlicht ausgeschlossen und unter zunehmend gängigen Bezeichnungen wie Prekariat, Überflüssige oder neue Unterklasse marginalisiert. Mit dem Wegfall des Arbeitsplatzes schwindet das Gefühl eigener gesellschaftlicher Bedeutung, ja Zugehörigkeit. Wenn noch der Eindruck hinzukommt, dass die Politiker ohnehin nur das machen, was sie wollen, ist resignative Abwendung von der Politik die unweigerliche Folge. Die kontinuierliche wachsende Zahl der Nichtwähler gibt davon beredtes Zeugnis. Von gelebter oder nur gefühlter Staatsbürgerlichkeit kann dann keine Rede mehr sein.

Am oberen Ende der Gesellschaftspyramide beobachten wir den spiegelbildlichen Effekt. Dort probt eine immer stärkere Schicht den Ausstieg ins Globale – indem sie sich als neue »globale Klasse« (Dahrendorf) von den nationalen politischen Bezügen löst und in die Welt internationaler Geschäfte verabschiedet. Auf diese Weise geht auch hier das gesamtgesellschaftliche Engagement immer stärker zurück, während das Interesse an individuellem Fortkommen größer wird.

So steigen insbesondere in Kreisen des aufstiegsorientierten Bürgertums die Aufwendungen – finanzieller und zeitlicher Art – für die Erziehung der eigenen Kinder, was sich in einer erstaunlichen Konjunktur privater Kindergarten- und Schulgründungen niederschlägt. Dies beschränkt sich jedoch stets auf den eigenen Nahraum, den Bereich der Gleichgesinnten und Gleichsituierten. Aus der inzwischen arg diffamierten Fernstenliebe angeblicher Gutmenschen in den siebziger und achtziger Jahren (zugunsten von Kuba bis Nicaragua) ist auf diese Weise allenthalben praktizierte Nächstenliebe im Wortsinne geworden – nämlich die Pflege der unmittelbaren Nachbarschaft, in der man sich aufhält und die der eigenen Orientierung und Absicherung in der neuen globalen Unübersichtlichkeit am ehesten dienlich zu sein verspricht.

Nächstenliebe in der Nischengesellschaft

Nach dem 11. September hatte zeitweilig der Begriff der Parallelgesellschaften Konjunktur. Dieser sollte auf die Existenz fundamentalistischer islamischer Nebenwelten aufmerksam machen. Gleichzeitig suggerierte der Begriff die Existenz einer Hauptgesellschaft, die in einem gemeinsamen Kommunikations- und Verständigungszusammenhang eingebettet sei.

Tatsächlich trifft jedoch der Begriff der Nischengesellschaft den gegenwärtigen Zustand der Bundesrepublik weit besser. Geprägt wurde er von Günter Gaus, vormals Chefredakteur des *Spiegel* und von 1973 bis 1980 Leiter der Ständigen Vertretung der Bundesrepublik in Ost-Berlin.[89] Gaus diente der Begriff allerdings zur Kennzeichnung des Lebens in der DDR. Anfang der achtziger Jahre beschrieb er mit diesem Begriff das Phänomen, dass sich der DDR-Durchschnittsbürger vor dem öffentlichen, repressiven Zugriff des Staates in das Private, in seine Nische zurückzog. Nur dort war er keiner Überwachung ausgesetzt und deshalb auch zur politischen Offenheit in der Lage.

Einen Rückzug in private Nischen erleben wir heute auch im vereinigten Deutschland – allerdings nicht als Reaktion auf Überwachung, sondern als Symptom von Überfluss. In der freien Gesellschaft von jeder Verpflichtung zum politischen Engagement entlastet, entzieht sich der Einzelne der öffentlichen Auseinandersetzung, um sich in seiner Nische ganz den eigenen Angelegenheiten zu widmen.

Dieses Phänomen, das bereits vor 1989 seinen Ausgang nahm, ist ein gesamtgesellschaftliches. Der neoliberale Rückzug auf das Private fand seine ideologische Untermauerung in dem legendären Zitat von Margaret Thatcher: »There is no such thing as society. There are individual men and women, and there are families.« Kurz: Es gibt keine Gesellschaft, es gibt nur Individuen und Familien.[90]

Auf diese Weise löste die Überzeugungspolitikerin Thatcher den in den westlichen demokratischen Wohlfahrtsstaaten geschlossenen Sozialvertrag zwischen den unterschiedlichen Schichten und Klassen auf. In der neoliberalen Vorstellung tritt an die Stelle der Gesellschaft die bloße Ansammlung von Märkten, auf denen sich Menschen als Kunden oder Verkäufer begegnen – allein und nach ihren je eigenen Interessen. Damit hatte der Wille zur Zerschlagung der einstigen politischen Gesellschaft zu kleinteiligen, den eigenen Nutzen maximierenden Gemeinschaften seinen geistigen Überbau gefunden.

Auch wenn wir gegenwärtig das Ende jenes über zwanzigjährigen neoliberalen Zyklus erleben – in den Köpfen und Mentalitäten wirkt er unvermindert fort. Schlimmer noch: Seine Konsequenzen kommen jetzt, in Zeiten der Krise, in Deutschland gerade erst zum Tragen. Ein jeder, den Eindruck muss man angesichts der bevorstehenden Rezession gewinnen, versucht zuerst, ganz im Thatcherschen Sinne, seine Schäfchen ins Trockene zu bringen. Damit wird die bloße Behauptung vom Ende der Gesellschaft gleichsam zur selbsterfüllenden Prophezeiung.

Der politisch mündige Bürger dankt ab, an seine Stelle tritt der Konsument, der sich auch im öffentlichen Raum primär um seine eigenen Angelegenheiten kümmert. Selbst an den Universitäten, zuvor gut vierzig Jahre lang Hort der zumeist linken Unruhe, sorgt sich inzwischen das Gros der Studierenden vornehmlich um das eigene Fortkommen. Die Zahl derer, die sich für eine Verbesserung der universitären Bedingungen einsetzen und etwa gegen die Einführung von Studiengebühren im Interesse sozial schwächerer Kommilitonen opponieren, ist seit Jahren rückläufig.

Das Comeback des Staates

An dieser Krise des mündigen Bürgers hat die Krise der Ökonomie bisher nichts ändern können. Im Gegenteil: In Anbetracht des Scheiterns der Marktideologie erschallt der Ruf nicht nach der Bürgergesellschaft, sondern nach einem anderen, zwischenzeitlich arg diskreditierten Akteur: dem Staat.

Ende 2008 plädierten laut einer Meinungsumfrage 77 Prozent der Bundesbürger dafür, dass der Staat Anteile an Strom- und Gasversorgern übernimmt, 64 Prozent für eine Teilverstaatlichung von Banken und Versicherungen und 60 Prozent für eine Rücküberführung des Post- und des Bahnkonzerns in die öffentliche Hand. Offenbar wird im Staat die letzte Rettungsoption gesehen. Auch wenn er während der letzten Jahrzehnte im Zuge des neoliberalen Angriffs weit über Gebühr abgewertet wurde – weshalb eine Rückbesinnung auf seine Unentbehrlichkeit längst überfällig war –, wirken in der Haltung der deutschen Bevölkerung offenbar auch alte etatistische Traditionen unvermindert fort.

Damit erweist sich auch der zweite Dahrendorfsche Index, das Ausmaß der Konfliktbereitschaft, implizit als rückläufig. Offenbar sind die Bundesbürger des Jahres 2009 weit weniger bereit und in der Lage, mit Krisen und Konflikten kritisch und produktiv umzugehen, als dies von Dahrendorf noch 2006 angenommen wurde. Mit dem Ruf nach Vater Staat entziehen sie sich der Verantwortung für ihre eigene Zukunft. Statt in einen ernsthaften, der dramatischen Situation angemessenen gesellschaftlichen Diskurs einzutreten, verharren sie in Apathie und vertrauen darauf, dass der Staat es schon richten werde.

Anstatt dass nach dem Kollaps des Finanzsektors ein gesundes Misstrauen gegenüber jeglichem Systemautomatismus Platz gegriffen hätte, wurde die Vertrauensbereitschaft schlicht umgelenkt: von Markt auf Staat. Selbst jene, die noch kurz zuvor als radikale Staatsverächter in Erscheinung getreten waren, zeigten sich allzu gerne bereit, einen neuen Generalbevollmächtigten zu küren und unter die Staatsfittiche zu schlüpfen – schon um die eigenen Versäumnisse zu kaschieren.

Exemplarisch zu beobachten war dies bei der Verabschiedung des staatlichen 500-Milliardenpakets zur Rettung der Banken. Dass dieses Gesetz, bei dem es immerhin um Mittel im Umfang zweier Bundeshaushalte ging, ohne gesellschaftliche Debatte, von Empörung ganz zu schweigen, binnen einer Woche durch den Bundestag gepeitscht werden konnte, bedeutete nichts anderes als die Herrschaft der Exekutive im gesetzgeberischen Ausnahmezustand.

Die Bonner Erfolgsgeschichte aus dem Geiste der Kritik

Damit wird aber gerade nicht an das angeknüpft, was die eigentliche Stärke der alten Bundesrepublik ausgemacht hatte – gesellschaftliche Integration durch eine streitbar sich selbst artikulierende und sich über sich selbst verständigende Bürgergesellschaft. Das aber rührt an den dritten von Dahrendorf aufgeführten Punkt – die Frage nach tonangebenden Eliten, die selbstbewusst genug sind, einer Vielzahl von Haltungen und Meinungen Ausdruck zu verleihen.

Tatsächlich wird die Bonner Republik als Erfolgsgeschichte nur verständlich als eine Geschichte permanenter intellektueller Selbstkritik. Nach grober Unterteilung vollzog sich diese Entwicklung in fünf Phasen, die jedoch keineswegs isoliert zu betrachten sind, sondern sich wechselseitig bedingen. Alle Phasen bauen auf der Erinnerung an die jeweils vorangegangene auf – und gehen auf diese Weise teils ineinander über.

Die erste Phase betrifft die bundesrepublikanische Gründungszeit von 1945 bis 1950. In dieser Zeit verbindet sich die Selbstkritik vor allem mit dem Vorwurf der Restauration, welche bereits durch die massiven personellen Kontinuitäten zwischen Nationalsozialismus und früher Bundesrepublik zum Ausdruck kam. Prägende Figuren dieser Epoche waren der Philosoph Karl Jaspers mit seinem Insistieren auf der deutschen Schuldfrage und der Publizist Walter Dirks, dessen Aufsatz »Der restaurative Charakter der Epoche« aus dem Jahre 1950 den von vielen linken Intellektuellen empfundenen reaktionären Zeitgeist auf den Begriff brachte und zugleich kritisch analysierte.[91]

Die zweite Phase beginnt Anfang der fünfziger Jahre mit dem Protest gegen die Wiederbewaffnung der Bundeswehr, die später sogar in die Planung atomarer Rüstung übergeht. Maßgebliche Wortführer waren renommierte Naturwissenschaftler, insbesondere die sogenannten Göttinger Achtzehn um die Atomforscher Otto Hahn und Carl Friedrich von Weizsäcker. Dieser Protest breitete sich alsbald aus und ging über in die Ostermarsch-Bewegung, die – wenn auch in deutlich geschrumpftem Umfang – bis heute existiert.

Erstmalig fand damit eine weitreichende Politisierung aus dem Geiste des »Nie wieder« statt, die tief in bürgerliche Kreise vordrang. Einen ersten Höhepunkt erlebte sie mit den erfolgreichen Protesten gegen die Verhaftung Rudolf Augsteins im Zuge der Spiegel-Affäre im Jahre 1962.

In der dritten Phase ab Mitte der sechziger Jahre folgte die Kritik an der *Bildungskatastrophe*[92] und an den geplanten Notstandsgesetzen, die Jaspers prominent in seiner Weckschrift *Wohin treibt die Bundesrepublik?*[93] artikulierte. Auf diese Weise wurden die gesamten sechziger Jahre zu dem eigentlichen Jahrzehnt der Kritik – was der Revolte der 68er erst den Boden bereitete.

Allerdings war 68 bekanntlich »die letzte Revolution, die noch nichts vom Ozonloch wusste.«[94] In einer vierten Phase radikaler Kritik erwacht das Bewusstsein von den Grenzen des Wachstums, ausgelöst durch den gleichnamigen ersten Bericht des Club of Rome aus dem Jahre 1972.[95] Der damit einhergehende Wertewandel führte zur Entstehung einer alternativen Öffentlichkeit aus Frauen-, Friedens- und Ökologiebewegung und schließlich, Anfang der achtziger Jahre, zur Gründung der Partei der Grünen.

Schließlich sorgten die heftigen geschichtspolitische Debatten der achtziger Jahre gewissermaßen für die Abrundung der Bonner Republik. Mit dem Historikerstreit von 1987 und vor allem mit der großen Rede Richard von Weizsäckers am 8. Mai 1985, die das Kriegsende unmissverständlich als Befreiung definierte, wurde geistig-moralischen Wenden à la Kohl endgültig der Boden entzogen.

Nicht zuletzt dank dieser über vier Jahrzehnte geführten radikalen Auseinandersetzungen hatte die alte Bundesrepublik bereits vor dem Mauerfall ihre neue, westlich-liberale Identität einer kritisch-aufgeklärten Bürgergesellschaft gewonnen. Ironischerweise führten all diese Formen radikaler Kritik letztlich stets zur Innovation der Demokratie. Erst die durch Protest bewirkte Irritation gab dem politischen System den entscheidenden Impuls, auf neue Herausforderungen angemessen zu reagieren. So war es nicht zuletzt die polemische Restaurationskritik, die zur (wenigstens partiellen) Sensibilisierung der frühen Wirtschaftswunder-Gesellschaft gegenüber politischen Gefährdungen beitrug und auf diese Weise verhinderte, dass die Demokratie – etwa in der folgenden Spiegel-Affäre – größeren Schaden nahm. Dank dieser Entwicklung wurden selbst radikale Kritiker für die Demokratie produktiv gemacht – und gleichzeitig integriert. Kurz: Wer dagegen war, war gleichwohl immer noch dabei.

Kritik war das Lebenselixier der Bonner Republik, indem sie dessen demokratische Wurzeln stärkte. Der »Zusammenstoß zwischen deutschen Schriftstellern und ihrem Staat«[96] wirkte im Sinne produktiver Reibung. Wenn es folglich ein »Demokratie-Wunder« der alten Bundesrepublik gab, dann bestand es darin, dass aus hartem Konflikt jeweils eine erstaunliche Innovation und Integration erwuchs.

Die Selbstidiotisierung der Intellektuellen

Heute dagegen erleben wir das Ende dieser kritischen Tradition. Von einem Pluralismus bedeutsamer intellektueller

Eliten kann gegenwärtig kaum die Rede sein. Im Gegenteil: Es dominieren die immer gleichen Wachstums- und Konsumermutigungen aus Politik und (Wirtschafts-)Wissenschaft, grundsätzliche Infragestellungen der westlichen Konsum- und Lebensmuster sucht man weitgehend vergebens.

Dabei verlangt die gegenwärtige dramatische Kumulation verschiedener Krisen, zu denen eben nicht nur die der Banken oder der Wirtschaft zählt, nach grundsätzlicher Kritik am bisher eingeschlagenen Weg. Im öffentlichen Raum aber herrscht betretenes Schweigen, starren nicht zuletzt die wirtschaftlich weitgehend ahnungslosen Intellektuellen mit bangen Augen auf das Agieren der Bundesregierung.

In der alten Bundesrepublik war das anders: In den sechziger Jahren wurden Intellektuelle vom damaligen Bundeskanzler Ludwig Erhard nur deshalb mit dem Ehren-Unwort des »Pinschers« belegt,[97] weil sie hochgradig missliebig und unbequem waren. Heute dagegen nehmen Intellektuelle an den Debatten kaum mehr teil, sondern ziehen sich in die eigene (teilweise universitäre) Nische zurück – unter Preisgabe des öffentlichen Diskursfeldes.

Ein Beispiel dafür war der Reich-Ranicki-Eklat im Herbst 2008. Erinnern wir uns: Der Großkritiker hatte, zur sichtbaren Überraschung aller geladenen Gäste, den ihm verliehenen Deutschen Fernsehpreis voller Empörung wegen des bei der festlichen Verleihung dargebotenen »Blödsinns« zurückgewiesen. Dieser Vorgang stellte eigentlich alle erforderlichen Zutaten zu einer großen und schon lange fälligen Debatte über den Stellenwert der medialen Öffentlichkeit und speziell der öffentlich-rechtlichen Rundfunkanstalten bereit. Doch binnen Kürzestem verpufften sämtliche Ansätze. Konsequenzen? Fehlanzeige.

Von nennenswertem intellektuellem Einsatz konnte hier, wie bei vielen anderen gesellschaftspolitischen Gelegenheiten, nicht die Rede sein. Folgerichtig erleben wir eine erstaunliche Selbstverharmlosung und Verniedlichung, ja fast

Entmündigung des öffentlichen Intellektuellen. An die Stelle gesellschaftlicher Selbstverständigung tritt die individuelle Selbstidiotisierung, erfolgt der Rückzug in die medialen Nischen. Getrieben von den Einschaltquoten der privaten Sender kommen inzwischen auch die öffentlich-rechtlichen Rundfunkanstalten dem Auftrag des Bundesverfassungsgerichts, politisch relevante Minderheitenprogramme zu senden, immer weniger nach. Eine übergreifende politische Debatte kann unter diesen Voraussetzungen kaum noch stattfinden. Wollte man deshalb von einer geistig-moralischen Wende der Kohl-Ära sprechen, so könnte man dies ruhigen Gewissens im Zusammenhang mit der Einführung des Privatfernsehens zum 1. Januar 1984 tun.

Der neue Strukturwandel der Öffentlichkeit

Tatsächlich bedeutet die Etablierung des Privatfernsehens einen »Strukturwandel der Öffentlichkeit« (Jürgen Habermas), der in seinen politischen Konsequenzen noch gar nicht hinreichend begriffen wurde – von den grenzenlosen neuen Möglichkeiten des Internets ganz zu schweigen.

An diesem Punkt zeigt sich, dass das vierte der Dahrendorfschen Demokratie-Kriterien, eine einigermaßen geteilte (mediale) Öffentlichkeit, die gesellschaftliche Debatten überhaupt erst ermöglicht, kaum noch existiert.

Demgegenüber bestand das große Ziel – und vielleicht wichtigste politische Gut – der alten Bundesrepublik gerade in ihrer funktionierenden und engagierten Öffentlichkeit. Spätestens nach den verstockten fünfziger Jahren wurde die Bonner Republik zu einem Land der Debatten. Der Streit über die großen gesellschaftlichen Themen – von der Wiederaufrüstung über die Frage der atomaren Bewaffnung bis zur Friedensbewegung – spaltete die Republik und integrierte gleichzeitig ihre heterogenen Lager.

So löste noch in den siebziger Jahren die Ausstrahlung

der ersten Fernsehserie über den Holocaust eine hohe Wellen schlagende, erstmalig die gesamte Gesellschaft ergreifende Auseinandersetzung über die Zeit des Nationalsozialismus und die industrielle Judenvernichtung aus. Dabei fungierte die sogenannte Vergangenheitsbewältigung, die Verständigung über die Verbrechen des Nationalsozialismus, als diskursiver Kitt für die Gegenwart. Der alte Vorwurf, die Bundesrepublik habe mit dem »Nie wieder« nur über einen negativen Gründungsmythos verfügt, geht deshalb entschieden an der Sache vorbei.

Der darin enthaltene Moraluniversalismus förderte eben keineswegs primär die »Negativfixierung auf die eigene Nation und Kultur«.[98] Hinter dem Willen zum »Nie wieder« steckte im Gegenteil etwas zutiefst Positives, die Streitparteien Verbindendes, kam darin doch ein gemeinsames Interesse an der gedeihlichen Zukunft der Republik zum Ausdruck. Der durchgängig gemeinsame Bezug, die Lehren aus Weimar zu ziehen, verband selbst die konträrsten Lager.

In dem Maße jedoch, in dem dieser Bezug auf die Zeit vor 1945 schwindet, tritt dieses gemeinsame Anliegen immer stärker in den Hintergrund. Die letzte gesamtgesellschaftliche Auseinandersetzung, sieht man von den Protesten gegen die verschiedenen Golfkriege ab, fand nicht ohne Grund kurz nach 1989 als Reaktion auf die rechtsradikalen Anschläge von Solingen und Hoyerswerda statt – unter Beteiligung Hunderttausender. Damals war allen Teilnehmern klar, dass das Land an einer Wegscheide stand – dass sich hier ein brauner Bodensatz rührte, den man in der alten Bundesrepublik für überwunden geglaubt hatte.

Gleichgültigkeit als Gefahr

Heute ist die Aufgabe insofern schwieriger geworden, als das »Nie wieder« die Aufgabe der Integration nicht länger in demselben Maße leisten kann. Dagegen steht die sich fortschreitend ausprägende Heterogenität der Bevölkerung. Die weiter wachsende Gruppe der Migranten teilt heute nicht die deutsche Vergangenheit; Identifikation muss daher zunehmend aus der gemeinsamen Bewältigung der Zukunft erwachsen. Das wirft aber umso mehr die Frage auf, worin in einer hochgradig gespaltenen, zusehends anomischen Gesellschaft das Verbindende bestehen mag. Gesellschaftliche Diskussionen und Debatten werden damit zur demokratischen *conditio sine qua non*.

Diese Notwendigkeit scheint aber nicht mehr gesehen zu werden: Anstatt dass sich die Republik angesichts der Krise ihrer ökologischen, ökonomischen und sozialen Grundlagen zu einer großen, auch intellektuellen Selbstverständigung über ihre Zukunft aufschwingt, findet eine umfassende geistige Flucht aus der Öffentlichkeit statt, greift gesellschaftliche Gleichgültigkeit um sich.

Was gegenwärtig erodiert, sind nicht die parlamentarischen Institutionen, auf die diese Republik aus Anlass ihres sechzigjährigen Bestehens durchaus zu Recht stolz sein kann. Was erodiert, ist das gesellschaftliche Ferment, der Unterbau einer am eigenen Gemeinwesen interessierten Bürgergesellschaft, das Ethos einer republikanischen Öffentlichkeit.

Auf dem Weg in die Postdemokratie

Man muss nicht so weit gehen wie der englische Politikwissenschaftler Colin Crouch, der die demokratischen Institutionen deshalb nur noch als »leere Hüllen« begreift, um zu erkennen, dass gleichwohl wesentliche Ergebnisse seiner Analyse der neuen, »postdemokratischen Zustände« durchaus zutreffen.[99] Crouch beschreibt eine Deformation der Demokratie, die sich nicht als Bruch und plötzlicher Systemwechsel vollzieht (wie nach 1989 in Mittel- und Osteuropa), sondern »als schleichender, undramatischer Verrottungsprozess, als ein allmählicher ›Substanzverlust der Demokratie‹ bei durchaus intakt bleibenden institutionellen Strukturen.«[100]

Nicht um die Institutionen müssen wir uns folglich primär sorgen. Die (Re-)Organisation der Gesellschaft und des Gesellschaftlichen, das in der neoliberalen Ägide weitgehend erodierte, ist heute das deutlich größere Problem. Zu dessen Lösung käme es darauf an, gerade im vorstaatlichen Raum jene mediären Gewalten zu stärken, die die alte Bonner Republik ausgemacht hatten: eine interessierte Öffentlichkeit, gestützt durch kritische Medien, aus der regelmäßig Bewegung(en) in der Republik hervorgingen.

Unterbleibt dies aber, stellt sich die Frage, wie das schwindende Vertrauen in die Demokratie aufzufangen wäre. Oder nähern wir uns vielleicht doch wieder Weimarer Verhältnissen?

Weimar ante portas?

Die Weimarer Republik scheiterte letztlich an dreierlei: Erstens am Einbruch der Weltwirtschaftskrise und dem Versagen der Regierung Brüning, die in Zeiten der Rezession unbeirrbar an ihrer drastischen Sparpolitik festhielt – im Gegensatz zu den USA, die unter Franklin Delano Roosevelt mit milliardenschweren Staatsausgaben den großangelegten keynesianisch inspirierten New Deal in die Wege leiteten. Zweitens an der politischen Radikalisierung an den gesellschaftlichen Rändern, rechts wie links. Und drittens scheiterte sie als Republik der »Vorbehaltsrepublikaner« am demokratischen Desinteresse der bürgerlichen Mitte.

Auch wenn wir uns gegenwärtig – wie einst die Weimarer Republik – mit großen Schritten in eine globale Wirtschaftskrise bewegen, sind wir von einer Radikalisierung der politischen Ränder, die gar auf Abschaffung der Republik zielten, zum Glück weit entfernt. Die radikale Rechte ist bislang, trotz lokaler Erfolge von NPD und DVU in den neuen Bundesländern, marginal, eine relevante radikale Linke gar nicht existent. Selbst die Linkspartei, die sich seit ihrer Gründung 2003 aus PDS und Wahlalternative Arbeit und soziale Gerechtigkeit (WASG) auch im Westen zunehmend etabliert, versteht sich als Vertreterin einer keynesianischen Politik und damit eher als reformerischer Reparaturbetrieb am Kapitalismus denn als echte Systemalternative. Somit erleben wir heute statt eines nennenswerten Wachstums systemfeindlicher Parteien eher die fortschreitende Erosion der Ränder aufgrund von Politikverdrossenheit und Desinteresse an Partizipation.

Worin allerdings in der Tat eine Ähnlichkeit zu Weimarer Verhältnissen besteht, ist die Politikabgewandtheit der breiten Mitte. Während Weimar jedoch ab 1929 insgesamt von einer radikalen antidemokratischen Ideologisierung gekennzeichnet war, vollzieht sich in der Bundesrepublik seit 1989 eher eine radikale Entideologisierung – begleitet vom Rückzug in politische Apathie und Abstinenz mangels kenntlicher Alternativen. Auch die neue Berliner Republik entpuppt sich mehr und mehr, wenn auch auf andere Art, als »Republik ohne Republikaner«.

Wie aber ließe sich dieser zunehmenden Abkehr von der Politik wirksam entgegenwirken?

X. Rechts und links – Das Ethos der Politik

Die Revitalisierung politischen Interesses muss bei der Frage nach den politischen Alternativen ansetzen. Genau hier aber liegt die zentrale Ursache für das Fehlen politischer Diskussionen in den vergangenen Jahren. Eine echte politische Debatte kann nur stattfinden, wenn unterschiedliche politische Ansätze und Alternativen vorhanden sind. Das politische Grundmuster, die klassische Unterscheidung von links und rechts, ist jedoch verblasst. Statt dessen drängen insbesondere die beiden Noch-Volksparteien immer mehr in die diffuse Mitte. So korrespondieren die zunehmende Entpolitisierung und der Rückzug breiter Kreise von der Politik mit dem Verlust politischer Alternativen und der Angleichung der großen Parteien seit 1989, die in der Großen Koalition unter Angela Merkel und Frank-Walter Steinmeier ihren prägnantesten Ausdruck gefunden hat.

Darin besteht ein weiterer maßgeblicher Gegensatz zur alten Bundesrepublik. Diese kannte stets, selbst zu Zeiten der ersten Großen Koalition unter Kanzler Kiesinger und Außenminister Brandt, eine klare Rechts-links-Alternative – teilweise hochgradig umkämpft, wie in den späten sechziger und frühen siebziger Jahren, teilweise eher wohl temperiert, wie in den späteren Achtzigern, als die Bundesbürger über alle Lager hinweg ihren Frieden mit der Bonner Republik gemacht hatten. Und dennoch: Die politischen Debatten der alten Bundesrepublik konnten nur deshalb diese Wirkung entfalten, weil die Parteien mehr als vierzig Jahre lang in allen wesentlichen Fragen deutliche Unterschiede erkennen ließen. Und insofern klare Alternativen boten, die nach einem klaren politischen Raster funktionierten – dem von links und rechts als der basalen politischen Unterscheidung. Letztlich entschied dabei das angestrebte Maß an Gleichheit, beziehungsweise Gerechtigkeit, ob eine Position als links oder rechts kategorisiert wurde.[101]

Von links und rechts zu Freund und Feind

Mit dem Schwinden der politischen Alternativen halten die Freund-Feind-Gegensätze Einzug. Indem der erforderliche Streit über das gewünschte Maß an gesellschaftlicher Gleichheit nicht geführt wird – etwa weil, wie in den vergangenen zwei Dekaden, soziale Gerechtigkeit regelrecht als Unwort behandelt wurde[102] –, findet keine echte politische Auseinandersetzung mehr statt. Wenn aber der politische Gegner als Unterscheidungskriterium fehlt, nimmt die radikalisierte Kategorie des Feindes dessen Platz ein. Der Verlust politischer Alternativen führt zu schwarz-weiß zeichnendem Populismus.

Es ist daher kein Zufall, dass mit dem vermeintlichen Ende des ideologischen Zeitalters und dem proklamierten Ende der Geschichte, das vor allem das Ende linker Utopien meinte, auch der Aufstieg des Populismus begann. Die neunziger Jahre wurden – aufgrund des angeblichen Endes des Links-Rechts-Dualismus – zu *dem* Jahrzehnt des Populismus. In Europa entwickelten sich Phänomene einer wilden Vermischung linker, sozial(istisch)er und rechter, völkischer Rhetorik, angefangen bei Jörg Haider über Silvio Berlusconi und Christoph Blocher bis hin zu Hans-Christian Strache, dem neuen Star und »Feschisten« der österreichischen Rechten.

Alle haben eines gemeinsam: Sie definieren sich als Erscheinungsform der radikalisierten, jenseits von links und rechts angesiedelten Mitte (und Stimme des Volkes, *vox populi*), und zwar primär über ihren Feind – in der Regel sowohl in Abgrenzung nach oben, gegen das Establishment, als auch nach unten, gegen die Randgruppen und Außenseiter, die dem gesunden Volkskörper nicht zugehören sollen.

Vorbild Italien, Österreich, Schweiz?

Die markanteste Gefahr der Gegenwart ist somit nicht die kollektive Radikalisierung einer neuen Linken oder Rechten, sondern weit eher der österreichische oder italienische Weg – nämlich der ganz privatistische Protest in der Wahlkabine, der in seiner Gesamtheit zwar nicht zu einer neuen rechtsradikalen Bewegung führt, aber doch rechtspopulistischen Parteien, die Zuspruch in erster Linie mittels vereinfachender Feindbilder gewinnen, fast 30 Prozent der Stimmen beschert.

Und warum sollte das, was nicht nur in Österreich, sondern auch in der Schweiz und Italien möglich war, nicht auch bei uns denkbar sein? Schließlich wäre es auch einem Möllemann beinahe gelungen, den Freund-Feind-Gegensatz politisch aufzuladen. Und nicht ohne Grund gelang es einem politischen Hasardeuer wie Ronald Barnabas Schill 2001 mit seiner Rechtsstaatlichen Offensive in Hamburg, aus dem Stegreif 19,4 Prozent zu erzielen.

Ist es also nur ein Zufall, dass die Bundespolitik, anders als einzelne Bundesländer, bislang von derartigem rechtem Populismus verschont geblieben ist? Droht also spätestens dann, wenn auch bei uns, wie etwa in Österreich, eine große Koalition auf Dauer gestellt wird, die massenhafte Abkehr vom demokratischen Weg?

Anders gefragt: Wie ist die erforderliche politische Integration heute zu leisten? Wie stiftet man politisch-gesellschaftlichen Zusammenhalt in Zeiten der Krise?

Integration durch Kritik

Offensichtlich gelang es der alten Bundesrepublik, über politischen Streit die politischen Gegner zu integrieren. Dabei blieb selbst in der entschiedensten Auseinandersetzung möglich, was die Weimarer Republik nicht vermocht hatte: »die Transformation von radikaler Systemopposition in kritische Loyalität und Reformismus«.[103] Dies hatte die Republik in den Jahren nach 1968 gelernt. Damit schufen, worauf der Historiker Paul Nolte zu Recht hinweist, gerade »die 68er für die weitere Entwicklung der Bundesrepublik ein Paradigma der Deradikalisierung«.[104]

Wo gestritten und debattiert wird, wird nicht geschossen – dieses Kalkül der Entspannungspolitik Willy Brandts bleibt deshalb grundsätzlich richtig, sowohl nach außen wie nach innen. Letztlich stärkte Kritik die Abwehrkräfte und wurde so zum Lebenselixier der Bonner Republik.

Anders als in der »Versorgungsdiktatur« der DDR,[105] die sich durch Mauer und Datsche das Wohlverhalten ihrer Bürger erkaufte und ermauerte, bestand die Stärke der Bundesrepublik darin, dass in Kommunikation, aber gerade auch in hartem Konflikt unterscheidbare Alternativen für den Bürger erkennbar und damit auch wählbar wurden – und im Ernstfall die Verständigung über die Gegensätze hinweg erfolgte.

Die Logik des Sachzwangs

Heute jedoch greift das neoliberale Credo Margaret Thatchers, das seit über zwanzig Jahren die Diskurse dominiert: »There is no alternative« – »Es gibt keine Alternativen«.[106] Die Logik des Sachzwangs – konnotiert vor allem mit der Globalisierung – verhindert seit 1989 wirksam ernsthafte Diskussionen. Dabei schreien die großen drängenden Probleme geradezu danach, weil das verbleibende Zeitfenster zu ihrer Lösung immer kleiner wird. Was heute nottut, wäre eine große gesamtgesellschaftliche Debatte darüber, wie diese Gesellschaft sich zukünftig, in Zeiten notwendigen Wachstumsrückgangs, Solidarität und Zusammenhalt vorstellt, wie sie die zusehends inhomogeneren Gruppen integrieren und die großen sozial-ökologischen Herausforderungen meistern will. Diese Debatte um die erforderliche »Wende zum Weniger« der westlich-kapitalistischen Gesellschaften könnte bei der Bildung anfangen und dürfte mit der Frage nach der Legitimität des Krieges nicht aufhören. Letztlich geht es um das Verhältnis der Werte-Trias Freiheit, Gerechtigkeit, Sicherheit – und damit um einen neuen Gesellschaftsvertrag unter Einbeziehung sämtlicher Generationen. All das findet jedoch nicht statt. Die räsonierende Öffentlichkeit, die die Bonner Republik einst ausgezeichnet hatte, scheint seltsam inexistent. Stattdessen wird der Staat angerufen – als vermeintlich omnipotenter Retter in der Not.

Strafe statt Sozialisierung

Der Staat jedoch wird mit den ihm angetragenen Aufgaben heillos überfordert sein. Exemplarisch zeigt sich dies heute bereits im Bereich der Bildung. Lehrer sind zunehmend außerstande, die gesellschaftlichen und familiären Versäumnisse bei ihren Schülern auszubügeln, und hissen die weiße Flagge, wie etwa an der Berliner Rütli-Schule.

Die Gefahr, die daraus resultiert, liegt auf der Hand. Zur Erfüllung der an sie adressierten Erwartungen immer weniger in der Lage, könnte die Staatsmacht versucht sein, ihr Heil zwecks Untermauerung der eigenen Handlungsmächtigkeit primär darin zu suchen, Möglichkeiten verschärfter Sanktionen und Strafen zu schaffen – auch um die eigene Hilflosigkeit und den drohenden Legitimationsverlust zu kaschieren.

Wenn über die öffentliche Debatte, den Streit zwischen links und rechts, keine gesellschaftliche Integration mehr stattfindet, drängt sich dem hilflosen Staat der Freund-Feind-Gegensatz als gesellschaftliches Ordnungsschema förmlich auf. Und die sowohl kulturellen als auch gesetzlichen Vorarbeiten für den vermeintlich starken, streng sanktionierenden Staat sind längst geleistet. Erst unter Innenminister Otto Schily und seit 2005 unter seinem Nachfolger Wolfgang Schäuble wurden die präventiven und repressiven Befugnisse der Sicherheitsbehörden systematisch ausgebaut und angewendet, von der Computer- und Telefonüberwachung bis zu Vorbeugeuntersuchung und -gewahrsam, etwa im Vorfeld des G8-Gipfels von Heiligendamm 2007. All dies firmiert regelmäßig unter dem Signum der Terrorbekämpfung.

Ein anderes Beispiel für ein derartiges Re(a)gieren mit harter Hand, von der Öffentlichkeit bisher kaum beachtet, findet sich im Strafvollzug. Dort hat der Staat mit der massiven Ausweitung der Sicherungsverwahrung Zuflucht zu einer Wegschließmethode genommen. Die dabei leitende Devise ist banal: Wenn wir der gesellschaftlichen Probleme nicht politisch Herr zu werden vermögen, können wir sie wenigstens unsichtbar machen.

Nichts aber ist zur Legitimation derartiger Maßnahmen hilfreicher als der Feind – nach innen, als nicht resozialisierbarer Gesetzesbrecher, wie nach außen, als Terrorist. Getreu dem Motto: Kann der Staat schon nicht als Integrator fungieren, so doch als entschiedener Feind seiner Feinde – zumal wenn die Feindbilder bereits angelegt sind, ob sie nun Terroristen oder Hangtäter heißen.

Die Konstruktion des Feindes

Hinzu kommt, dass Rezessionsperioden mit ihren Existenzkrisen und Bedrohungsängsten Feindbildprojektionen Raum geben, an die Populisten begierig anknüpfen. Schon die ausländerfeindlichen Anschläge Anfang der neunziger Jahre machten deutlich, wie stark xenophobische Gefühle nach wie vor wirksam sind. Mit Nine Eleven, aber auch nach dem Streit um die Mohammedkarikaturen verstärkten sie sich noch. Seither werden insbesondere Muslime vermehrt als potentielle Terroristen wahrgenommen.

Mehr noch: Im Fremden generell wird immer weniger der integrierbare potentielle Bürger als vielmehr der abzuwehrende Feind gesehen. Mental ist die Republik geneigt, sich vom Klima der einstigen Offenheit zu verabschieden. Diese Tendenz dürfte sich im Zuge eines fortschreitenden Verlusts an ökonomischer und politischer Sicherheit noch verschärfen.

Was gegenwärtig droht, ist somit nicht der politische Bürgerkrieg nach Weimarer Vorbild, sondern das Virulentwerden der latent vorhandenen Verfeindung. Seit einigen Jahren diagnostiziert der Bielefelder Sozialwissenschaftler Wilhelm Heitmeyer bei seiner Analyse der »Deutschen Zustände« eine kontinuierliche Zunahme »gruppenbezogener Menschenfeindlichkeit«. Wachsende Desintegrationsängste, Benachteiligungsgefühle und Anerkennungsdefizite zögen regelmäßig die Abwertung und Diskriminierung schwächerer Gruppen nach sich – forciert in Zeiten der Krise.[107]

Ohne eine gelingende Integration schlagen bei der Mehrheitsbevölkerung Ressentiment und Gleichgültigkeit leicht in den Wunsch nach Abschottung und Ausgrenzung der Randgruppen um – und werden für Politiker allzu leicht instrumentalisierbar, wie die jüngsten Reaktionen auf Fälle von Ausländerkriminalität belegen. Man möchte sich gar nicht vorstellen, wie die Reaktionen – sowohl der Politiker als auch der Bevölkerung – auf einen erfolgreichen terroristischen Anschlag aussähen.

Die Feinderklärung als Routineübung?

Ist Deutschland – die gefährdete Republik – der zunehmenden äußeren wie inneren Verfeindung also tatsächlich hilflos ausgeliefert? Welche Antwort könnte und müsste die Bundesrepublik Deutschland geben?

Die Antwort der neu-alten Hardliner wäre jedenfalls klar: Indem der starke Staat den entschiedenen Kampf mit seinen

Feinden aufnimmt, im Zweifel bis zu deren Vernichtung, schafft er sich erst seine eigentliche Existenz- und Daseinsberechtigung.

Jürgen Habermas hatte bereits im Deutschen Herbst 1977 hellsichtig die Gefahr diagnostiziert, »dass in Rechtsprechung, Politik, Verwaltung und Publizistik Carl Schmitts Theorie der ›innerstaatlichen Feinderklärung‹ zur Routine wird. Nach dieser Theorie beweist der Staat seine Autorität in Gefahrensituationen dadurch, dass er ›den inneren Feind‹ bestimmt.« Warnend hatte Habermas dieser Tendenz, den Ausnahmezustand als Normalität anzusehen, entgegengehalten: »Aber ihnen [Terroristen] gegenüber beweist [...] der Rechtsstaat seine Autorität gerade dadurch, dass er sie nicht als Feinde, sondern als Kriminelle behandelt, die unter dem Gesetz stehen. Nur ein Staat, der sich das faschistische Selbstverständnis Carl Schmitts zu eigen machen würde, brauchte innere Feinde, die er, wie im Kriegsfall die äußeren Feinde, bekämpfen darf.«[108]

1977 konnte der Gefahr begegnet werden, heute jedoch stehen wir einer ungleich größeren Gefahr gegenüber. Selbst der nationalkonservative Bundesverfassungsrichter Udo di Fabio warnt vor der »intellektuellen Lust am antizipierten Ausnahmezustand«, in der die deutsche Politik derzeit schwelge.[109]

Die Macht des Rechts

Was aber wäre dieser Tendenz einer zunehmenden Verfeindung entgegenzusetzen?

Offenbar bedarf es des steten Versuchs, die politische Debatte durch das Angebot politischer Alternativen in Gang zu setzen. An diesem Punkt könnte sich die Krise durchaus als Chance erweisen. Denn nur in Krisenzeiten, auch das lehrt die Geschichte der alten Bundesrepublik, wird innovativ, kreativ, ja radikal gedacht.

Was wir gegenwärtig erleben, ist letztlich eine Krise des gesamten westlichen Gesellschaftssystems. Die Kreativität indes, mit der Auswege ersonnen werden, bewegt sich bisher in äußerst überschaubarem Rahmen. Anstatt über die Grenzen des eigenen Wachstums nachzudenken, ergehen schlichte Aufrufe, den Konsum zu steigern. Anstatt sich dezidiert an den wirklichen gesellschaftlichen, ja staatsbürgerlichen Bedürfnissen zu orientieren – die primär in über Bildung vermittelter Partizipation bestehen – und gezielt in deren Befriedigung zu investieren, sorgt sich das ganze Land um den Absatz deutscher Luxuslimousinen.

In den zentralen Fragen waren die Debatten der siebziger und achtziger Jahre wesentlich weiter – und radikaler. Hier rächt sich, dass der gesellschaftliche Diskurs über die Grenzen des Wachstums in den westlichen Industriegesellschaften weitgehend zum Erliegen gekommen ist. In den vergangenen Jahren wurden die gesellschaftlichen Konflikte – zwischen den gegenwärtigen und kommenden Generationen, aber auch zwischen Umweltverschmutzern und Umweltgeschädigten – an die Staatsmänner und -frauen delegiert und damit zu unser aller Nachteil entschärft.

In jedem Fall wird es zukünftig entscheidend sein, dazu grundlegende gesellschaftliche Alternativen zu entwickeln, die sich auf der Höhe der Herausforderung befinden. Andernfalls aber, wenn nämlich das Scheitern der bisherigen Politik immer deutlicher wird, werden wir es mit einer noch stärkeren Abwendung von der Politik zu tun bekommen.

Wir befinden uns an einem Scheideweg: Entweder gelingt es der Republik, ihre Bürger zu gesellschaftlichem Engagement zu bewegen und von der Notwendigkeit des Einsatzes für die Demokratie zu überzeugen. Oder es gelingt ihr nicht – mit der Folge, dass die Bürger sich angesichts des Scheiterns der Politik vor den wirklichen Herausforderungen immer mehr in die private Nische absentieren werden, im Sinne ihrer ganz privaten *exit*-Option – getreu der zynischfatalistischen Devise: Vor uns die Wüste – und nach uns die Sintflut.

Gewalt oder Recht?

Die Republik wird die Bürger jedoch nur dann mobilisieren können, wenn politisches Engagement wirklich Aussicht auf Erfolg verspricht – wenn also wirkliche Alternativen zur Problemlösung bestehen. Wenn die Herausforderung nachhaltiger Krisenbewältigung hingegen nicht gemeistert wird, würde auch die Versuchung des Staates weiter wachsen, der Eskalation der Krisen wie auch der forcierten Spaltung der Gesellschaft durch autoritäres Verhalten zu begegnen. Letztlich wird es somit darauf ankommen, dass die nun in über sechzig Jahren gewachsene rechtsstaatliche Erfahrung der Republik und ihre gelebte Praxis in Zeiten der Krise Bestandskraft beweisen. Recht oder Gewalt lautet wieder die Gretchenfrage.

Tatsächlich sind es die durch das Grundgesetz garantierten Menschen- und Bürgerrechte, die, geschützt durch die Unabhängigkeit der Gerichte und eingebettet in eine Tradition der kontrollierenden, deliberativen Öffentlichkeit, wohl die stärkste Gewähr dafür bieten, dass die Berliner Republik rechtsstaatlichen Kurs hält. Institutionell verankert, zähmt das Recht die Gewalt – und lässt das verbrecherische Potential, das jeder Politik innewohnt, nicht zur Entfaltung kommen. In der abstrakten Form des Rechts, gegründet auf das Grundgesetz, manifestiert sich somit das eigentliche Erbe der neuen »Form der Politik« der Bonner Republik, von der Jürgen Habermas bereits 1964 gesprochen hat.[110] Inwieweit sich der gewachsene Rechts- und Sozialstaat zu behaupten weiß, daran wird sich letztlich zu erweisen haben, ob sich die freiheitlich-soziale Bundesrepublik nicht nur im Glashaus, sondern auch im Freiland zu behaupten vermag.

Obama und Merkel: Soft oder hard power

Ironischerweise war es gerade jene Generation der 68er, die die Bonner Republik während des Deutschen Herbstes ihrer bisher vielleicht ernstesten innenpolitischen Belastungsprobe aussetzte. Als sie ab 1998 selbst die Regierung stellte, musste sie ihrerseits beweisen, ob sie an der Rechtsstaatlichkeit der Republik angesichts der neuen globalisierten Normalität des Freund-Feind-Denkens nach Nine Eleven festhalten würde. Die entschiedene Haltung der Regierung Schröder/Fischer gegen den völkerrechtswidrigen Irak-Krieg zeigte, ungeachtet ihrer auch wahltaktischen Motive, dass sie diese Bewährungsprobe jedenfalls bestanden hatte.[111]

Inzwischen sitzt die Generation der Schröders und Fischers nicht mehr an den Hebeln der Macht. Mit Angela Merkel und Frank-Walter Steinmeier bestimmen Nach-68er die Geschicke des Landes. Für sie steht das Erlebnis des Ausnahmezustands im engeren, militärischen Sinne noch aus – die Möglichkeit ihrer Bewährung damit auch. Mit der Finanzkrise und der ihr nachfolgenden Rezession bekommen wir aber schon jetzt einen Vorgeschmack darauf, welche Ausnahmekrisen die Zukunft noch bereithalten könnte.

Dass auch positive Veränderungen möglich sind, zeigt die internationale Politik. So wie auf George W. Bush mit Barack Obama ein globaler Hoffnungsträger an die Spitze des nach wie vor wichtigsten Landes der Welt gewählt werden konnte, so dürften die verheerenden Folgen des Irak-Krieges der *soft power* des Rechts auf der globalen Waage größeres Gewicht verschafft haben – zu Lasten der *hard power* brachialer Machtpolitik. Damit ist der Freund-Feind-Gegensatz natürlich nicht aus der Welt, im Gegenteil: Vieles spricht angesichts der rasant sich öffnenden globalen Schere zwischen Arm und Reich dafür, dass die ökonomischen, politischen und religiösen Konflikte weiter zunehmen werden – und wir uns damit auf noch weit dramatischere Krisen einzustellen haben.

Die Zukunft des Rechtsstaats

Auch Deutschland wird als Teil des Westens von den neuen Kriegen und Konflikten auf Dauer nicht unberührt bleiben. Während die Bundesrepublik den Terroristen bisher vorwiegend als Schlaf- und Rückzugsraum diente, könnte sie im Zuge der Intensivierung des Kampfes gegen den Terrorismus, etwa in Afghanistan, schon bald zu deren Einsatzgebiet werden. In der inneren Sicherheit dürfte der Bundesrepublik ihre eigentliche Bewährungsprobe deshalb erst noch bevorstehen.

Der Ernstfall wird letztlich den Beweis erbringen, ob sich tatsächlich die Einsicht durchzusetzen vermochte, dass der Kampf gegen den Terror »nicht gegen den Rechtsstaat, sondern nur mit ihm« zu gewinnen ist.[112] Die Frage ist nur, wie sich dieser Ernstfall zuträgt: ob tatsächlich als terroristischer Anschlag oder eher schleichend, als Verfeindung quasi von unten, durch sich zusehends vertiefende gesellschaftliche Spaltung.

In Zukunft, gerade in Zeiten der Krise, dürfte der Verfassungspatriotismus der Bundesbürger jedenfalls noch in ganz anderem Maße gefordert sein als in den vergangenen sechzig Jahren. In Anbetracht der absehbaren Herausforderungen wird es nicht reichen, mit schwarz-rot-goldenem Schal die deutsche Fußballnationalmannschaft zu bejubeln. Ein derartiger Placebo-Patriotismus löst keinerlei Probleme.[113] Vielmehr wird sich noch erweisen müssen, inwieweit auch die Zumutungen der Verfassung – nämlich die Verpflichtung zu rechtsstaatlichem, verhältnismäßigem Handeln – in den vergangenen sechzig Jahren tatsächlich verinnerlicht wurden. Die leichtfertige Diskreditierung der Verfassungstreue als »Verfassungsautismus«, wie sie etwa der Carl Schmitt-Apologet Depenheuer vornimmt, lässt für den Ernstfall nichts Gutes ahnen. Offensichtlich stehen die Hardliner auch bei uns längst in den Startlöchern, um die einschlägigen Gesetzesvorlagen geltendes Recht werden zu lassen.

Der kanadische Moralphilosoph und Politiker Michael Ignatieff, der während des Irak-Krieges selbst der Versuchung erlag, das Foltern in Ausnahmefällen zu bejahen, erteilt solchen Absichten eine nur zu berechtigte Warnung: »Eine Demokratie kann nur eine Demokratie bleiben, wenn sie sich beim Kämpfen eine Hand auf den Rücken fesselt. Sie muss ihre Legitimität, den Respekt, die Zuneigung und Unterstützung, die die Öffentlichkeit ihr entgegenbringt, unbedingt aufrechterhalten, andernfalls ist sie zum Untergang bestimmt.«[114]

Und was im Extremfall gegenüber dem Terroristen als dem äußeren Feind gilt, muss im abgemilderten Normalfall auch nach innen, gegenüber dem Verbrecher als angeblichem innerem Feind gelten. Die Bereitwilligkeit einer Mehrheit der Bevölkerung (wie auch eines erheblichen Teils der CDU), über den Verstoß des stellvertretenden Frankfurter Polizeipräsidenten Daschner[115] gegen das absolute Folterverbot allzu bereitwillig hinwegzusehen, lässt hier jedoch Schlimmeres befürchten. Das Gleiche gilt für die von einer breiten Öffentlichkeit völlig teilnahmslos hingenommene, ja vermutlich sogar begrüßte Zunahme der Sicherungsverwahrung, bei der Kriminelle zum Schutz der Allgemeinbevölkerung auf Dauer weggeschlossen werden – als Feinde der Gesellschaft.

Noch ist folglich keineswegs ausgemacht, dass die Bundesrepublik in Zeiten zunehmender Krisenhaftigkeit und Verfeindung als Rechtsstaat wird bestehen können. Der autoritäre Staat, der sich als Reaktion auf die Apathie seiner Bürger und das Ende bürgerlicher Öffentlichkeit neu-alter Feindbilder bedient, um durch schiere Handlungsmacht neue Legitimation zu generieren, scheint momentan nicht die unwahrscheinlichste Antwort auf die kommenden Krisen.

Das Gebot der Verfassungstreue droht dabei auf der Strecke zu bleiben. Es wäre jedoch weit mehr als eine tragische Ironie der Geschichte, sollte auf diese Weise das verbrecherische Freund-Feind-Denken tatsächlich eine Neuauflage erleben – und damit die Bonner Republik als die erste geglückte Demokratie auf deutschem Boden nachträglich zu einem bloßen Sonderweg im deutschen Sonderweg werden.

Anmerkungen

1 Mit diesem Kommentar stellte sich der CSU-Politiker vor die Verfassungsschützer, die in der »Abhör-Affäre« 1963 in der Kritik standen.

2 In der Auseinandersetzung über Joschka Fischers Vergangenheit als Frankfurter Straßenkämpfer (vgl. *Worte der Woche,* zitiert in: Die Zeit, 25.1.2001).

3 Edgar Wolfrum, *Die geglückte Demokratie. Geschichte der Bundesrepublik Deutschland von ihren Anfängen bis zur Gegenwart,* Stuttgart 2006.

4 »Glauben Sie, daß der Nationalsozialismus eine gute Sache war, die nur schlecht gemacht worden ist?«, fragte 1948 eine Allensbach-Studie.

5 So bereits frühzeitig kritisiert von Jürgen Habermas, *Eine Art Schadensabwicklung. Kleine politische Schriften VI,* Frankfurt a. M. 1987, S. 175.

6 Zitiert in: *Ein Gespräch mit Helmut Schmidt. So sicher waren die Verhältnisse gar nicht,* FAZ.Net, 23.12.2008.

7 Karl Jaspers, *Wohin treibt die Bundesrepublik? Tatsachen, Gefahren, Chancen,* München 1966.

8 Vgl. Sebastian Ullrich, *Der Weimar-Komplex,* Göttingen 2009, i.E.

9 *40 Jahre Soziale Bewegungen: Von der verordneten zur erstrittenen Demokratie* lautete der Titel des 2. Sonderheftes des Forschungsjournals Neue Soziale Bewegungen, das 1989 erschien.

10 Jürgen Habermas, *Die Normalität einer Berliner Republik. Kleine politische Schriften VIII,* Frankfurt a. M.1995.

11 Johannes Gross, *Begründung der Berliner Republik. Deutschland am Ende des 20. Jahrhunderts,* Stuttgart 1995. Indem auch Gross vor allem auf die Großorganisationen (Kirchen, Parteien und Verbände) als Garanten des Modells Deutschland abstellt, wird der Begriff Berliner Republik stark institutionenlastig – ohne dass die geistigen Grundlagen der Bonner Republik ins Visier gerieten.

12 Dies der Titel seines Aufsatzes in: Aus Politik und Zeitgeschichte (ApuZ) B 1–2/2001, S. 3–5.

13 Eckhard Fuhr, *Was ist des Deutschen Vaterland?*, in: ApuZ B 1–2/2007, S. 3–7, hier S. 3.

14 Peter Bender, *Deutschlands Wiederkehr. Eine ungeteilte Nachkriegsgeschichte 1945–1990*, Stuttgart 2007.

15 Volker Kronenberg (Hg.), *Zeitgeschichte, Wissenschaft und Politik. Der »Historikerstreit« – 20 Jahre danach*, Wiesbaden 2008.

16 Vielleicht hätte die Lösung für das zerfallende Jugoslawien eher in einer »Rekonstruktion dieses Staatenbundes« bestehen sollen – statt in seiner Zerlegung in einzelne Nationalstaaten, merkt zu Recht Ludger Volmer an, in: Blätter für deutsche und internationale Politik, 3/2009, i.E.

17 Übersetzt aus The Guardian, 2.7.1991, zitiert nach: Horst Grabert, *Von der Anerkennung zum Bundeswehreinsatz. Deutsche Politik und der Jugoslawienkonflikt*, in: Wissenschaft und Frieden 2/1996, www.uni-muenster.de/PeaCon/wuf/wf-96/9620204m.htm.

18 Genau genommen erfolgte der Beitritt Deutschlands zur Nato-Strategie bereits während des sogenannten Interregnums, also zwischen Abwahl der Regierung Kohl und Antritt der Regierung Schröder, als sogenannter Vorratsbeschluss des Bundestages am 16. Oktober 1998. Formell galten mithin die alten Mehrheiten, mit denen dieser Beschluss gefällt wurde. Allerdings waren auch ein Großteil der SPD-Abgeordneten und etwa die Hälfte der Grünen – und damit tendenziell auch die Mehrheit der späteren Regierung – für den Waffeneinsatz im Kosovo, bilanziert Ludger Volmer, a. a. O.

19 Vgl. den Kommentar von Volker Zastrow in: Frankfurter Allgemeine Zeitung, 19.4.1999.

20 Heribert Prantl, *Ein schlichter Auftakt, fast ohne Pathos*, in: Süddeutsche Zeitung, 20.4.1999.

21 Heimo Schwilk/Ulrich Schacht, *Die selbstbewusste Nation*, München 1994; vgl. auch dies., *Für eine Berliner Republik*, München 1997.

22 Martin Walser, *Händedruck mit Gespenstern*, in: Jürgen Habermas (Hg.), *Stichworte zur »Geistigen Situation der Zeit«*, Bd. 1, Frankfurt a. M. 1979, S. 39–50, hier S. 50.

23 Zitiert aus dem Kommentar von Jens König in der tageszeitung, 20.4.1999.

24 Vgl. dessen Buch *Politik und Verbrechen: Neun Beiträge*, Frankfurt a. M. 1964.

25 Jürgen Habermas, *Vom Ende der Politik*, in: Frankfurter Allgemeine Zeitung, 17.10.1964; auch in: Joachim Schickel (Hg.), *Über Hans Magnus Enzensberger*, Frankfurt a. M. 1970, S. 154–159, Zitate S. 157.

26 Carl Schmitt, *Politische Theologie. Vier Kapitel zur Lehre von der Souveränität*, Berlin 1922, hier zitiert nach der 6. Auflage von 1993, S. 13.

27 Wolfgang J. Mommsen, *»Wir sind wieder wer.« Wandlungen im politischen Selbstverständnis der Deutschen*, in: Jürgen Habermas (Hg.), *Stichworte zur »Geistigen Situation der Zeit«*, Bd. 1, Frankfurt a. M. 1979, S. 185–209, hier S. 195.

28 Ernst-Otto Czempiel, *Friedensstrategien. Systemwandel durch internationale Organisationen, Demokratisierung und Wirtschaft*, Paderborn u. a. 1986.

29 Carl Schmitt, *Der Begriff des Politischen*, 6. Auflage, Berlin 1996 (Erstausgabe 1932).

30 Michael Stürmer, in: Die Welt, 6.9.2002.

31 Zitiert nach Stephan Schlak, *Der Partisan ganz privat*, in: die tageszeitung, 15.3.2006.

32 Niklas Luhmann, *Liebe als Passion. Zur Codierung von Intimität*, Frankfurt a.M. 1982, S. 10.

33 Paul Sethe, *Ein neuer Wilhelminismus?*, in: Die Zeit, 10.3.1967; ders., *Frei ist, wer reich ist*, in: Der Spiegel, 5.5.1965.

34 Aus der Antrittsrede als Bundespräsident am 1. Juli 1969, in: *Verhandlungen des Deutschen Bundestages 1969*, Bd. 70, S. 13664ff.

35 Dolf Sternberger, *Die Politik und der Friede*, Frankfurt a. M. 1986, S. 76.

36 Karl Jaspers, *Wahrheit, Freiheit und Friede. Dankesrede zum Empfang des Friedenspreises des Deutschen Buchhandels*, Frankfurt a. M. 1958, S. 7, www.boersenverein.de/sixcms/media.php/806/1958_jaspers.pdf.

37 Jürgen Habermas, *Die Einbeziehung des Anderen. Studien zur politischen Theorie*, Frankfurt a. M. 1996.

38 Erhard Eppler, *Die Wiederkehr der Politik*, Frankfurt a. M. 1998, S. 21.

39 Vgl. Jürgen Habermas, *Vom Ende der Politik*, a. a. O.

40 Carl von Clausewitz, *Vom Kriege*, Hamburg 1963, S. 19.

41 Zitiert nach Thomas Darnstädt, *Putsch auf leisen Sohlen*, in: Der

Spiegel, 13.10.2008, S. 80.

42 Carl Schmitt, *Völkerrechtliche Großraumordnung mit Interventionsverbot für raumfremde Mächte*, Berlin 1991 (Erstausgabe 1941).

43 Michael Pawlik, *Der Terrorist will nicht resozialisiert werden*, in: Frankfurter Allgemeine Zeitung, 25.2.2008.

44 Friedrich Meinecke, *Die deutsche Katastrophe. Betrachtungen und Erinnerungen*, Wiesbaden 1946.

45 Bertolt Brecht, *Das Leben des Galilei*, Frankfurt a.M. 1998 (Deutsche Erstauflage im Heft 14 der Versuche, Berlin 1955), S. 116.

46 Am 24. Januar 1984 eröffnete Bundeskanzler Kohl seine Rede vor der Knesset in Israel mit den Worten: »Ich rede vor Ihnen als einer, der in der Nazizeit nicht in Schuld geraten konnte, weil er die Gnade der späten Geburt und das Glück eines besonderen Elternhauses gehabt hat.« Später machte Günter Gaus geltend, dass er der eigentliche Urheber gewesen sei.

47 Der CDU-Politiker Jürgen Wohlrabe, damals Präsident des Berliner Abgeordnetenhauses, wurde einst von Herbert Wehner als »Übelkrähe« beschimpft und erlangte dadurch breitere Bekanntheit.

48 Zitiert nach: Die Zeit, Nr. 41, 7.10.1988.

49 Hermann Lübbe: *Der Nationalsozialismus im Bewußtsein der Gegenwart*, in: Martin Broszat u.a. (Hg.), *Deutschlands Weg in die Diktatur. Internationale Konferenz zur nationalsozialistischen Machtübernahme im Reichstagsgebäude zu Berlin*, Berlin 1983, S. 341.

50 Vgl. Nico Fried, »Ich habe gelernt: Nie wieder Auschwitz«, in: Süddeutsche Zeitung, 25.1.2005.

51 Der Text *Erziehung nach Auschwitz* wurde als Vortrag im Hessischen Rundfunk am 18. April 1966 gesendet. Er findet sich abgedruckt in: Theodor W. Adorno, *Erziehung zur Mündigkeit. Vorträge und Gespräche mit Hellmut Becker 1959–1969*, Frankfurt a. M. 1971, S. 88–104.

52 So etwa Gudrun Ensslin in Reaktion auf die Erschießung Benno Ohnesorgs am 2. Juni 1967.

53 Rudi Dutschke im Fernsehinterview mit Günter Gaus in der Reihe *Zur Person*, gesendet am 3.12.1967. Zu den Auseinandersetzungen der »68er« mit Vertretern der Kritischen Theorie vergleiche auch Albrecht von Lucke, 68 oder neues Biedermeier, Berlin 2008, insbesondere Kapitel II. (1967–1977: Das »Rote Jahrzehnt«. Von der Gewalt zur Generation: Die Erfindung der »68er«).

54 Klaus Stüwe, *Die Rede des Kanzlers. Regierungserklärungen von Adenauer bis Schröder*, Wiesbaden 2005, S. 113.

55 Ursprünglich stammt der Begriff von Charles S. Maier (ders., *Gegenwart und Vergangenheit, Geschichte und die nationale Identität der Deutschen*, Frankfurt a. M. und New York 1992, S. 9); aufgenommen wurde er von Heinz Bude, *Die Politik der Generationen*, in: Gewerkschaftliche Monatshefte, Jg. 49, 11/1998, S. 689–694, hier S. 694; ders.: *Was ist die Generation Berlin? Gesucht wird eine Haltung jenseits von Formschwäche und Identitätswahn*, in: Berliner Republik, 1/1999.

56 Vgl. Bernd Ulrich, *Auf dem Weg ins Freie*, in: Die Zeit Nr. 47, 13.11.2003.

57 Vgl. »Wer den Tod liebt, kann ihn haben«, Otto Schily im Spiegel-Interview, 29.6.2004.

58 Matthias Herdegen, *Artikel 1 GG, Rdnr. 45*, in: Theodor Maunz/Günter Dürig, *Grundgesetz: Kommentar*, München 2003.

59 Christian Starck, *Kommentar zum Grundgesetz*, 5. Auflage, München 2005, Bd. 1.

60 Zitiert nach Heinrich Wefing, *Jenseits der Schmerzgrenze*, in: Die Zeit, 21.2.2008.

61 Ernst-Wolfgang Böckenförde, *Die Würde des Menschen war unantastbar*, in: Frankfurter Allgemeine Zeitung, 3.9.2003; vgl. ders., *Bleibt die Menschenwürde unantastbar?*, in: Blätter für deutsche und internationale Politik 10/2004, S. 1216–1227.

62 Wefing, *Jenseits der Schmerzgrenze*, a. a. O.

63 Günther Jakobs, *Bürgerstrafrecht und Feindstrafrecht*, in: Höchstrichterliche Rechtsprechung im Strafrecht (HRRS). Aufsätze und Urteilsanmerkungen 3/2004, S. 88 ff., hier S. 92.

64 Vgl. Otto Depenheuer, *Selbstbehauptung des Rechtsstaates*, Paderborn 2007. (Dort findet sich auch das Zitat von Gerd Roellecke.)

65 Jakobs, a.a.O.

66 Ernst Fraenkel, *Der Doppelstaat*, 2. Auflage, Hamburg 2001 (deutsche Erstausgabe: Frankfurt a. M./Köln 1974).

67 Pawlik, *Der Terrorist will nicht resozialisiert werden*, a. a. O.

68 Schmitt, *Der Begriff des Politischen*, a. a. O., S. 27.

69 Giorgio Agamben, *Homo sacer*, Frankfurt a. M. 2002; vgl. auch ders., *Ausnahmezustand*, Frankfurt a. M. 2004.

70 Vgl. Frankfurter Allgemeine Sonntagszeitung, 15.1.2008, S. 31.

71 Ist der Traum von Multikulti eine Lebenslüge?, Bild-Interview mit Helmut Kohl, 21.1.2008.

72 Vgl. Bild-Zeitung, 16.1.2008, S. 2 f.

73 Thomas Schmid, Ist der deutsche Spießer schuld an der Gewalt?, in: Die Welt, 17.1.2008.

74 Schmitt, *Der Begriff des Politischen*, a. a. O., S. 27.

75 Hans-Ulrich Wehler, *Deutsche Gesellschaftsgeschichte*, Bd. 5: *Bundesrepublik und DDR, 1949–1990*, München 2008, S. 214.

76 Ralf Dahrendorf, *Das Elend der Sozialdemokratie*, in: Merkur. Deutsche Zeitschrift für europäisches Denken. Jg. 41 (1987), S. 1023.

77 Die literarisch ansprechendere, aber weniger gebräuchliche Fassung lautete: »Kommt die D-Mark, bleiben wir – kommt sie nicht, geh'n wir zu ihr.«

78 Jens Reich, zitiert nach Ulrich Clauß, *Der Wendefrust sitzt tief*, in: Die Welt, 4.12.2008, S. 2.

79 Henning Ritter, *Die alte soziale Frage*, in: Frankfurter Allgemeine Zeitung, 4.1.2005.

80 Vgl. zum Beispiel die OECD-Studie: *Growing Unequal? Income Distribution and Poverty in OECD Countries*, Paris 2008.

81 *Kluft zwischen Arm und Reich wächst in Deutschland stark*, Reuters Deutschland, 21.10.2008, http://de.reuters.com/article/topNews/idDEBEE49K0CG20081021.

82 Vgl. Albert Scharenberg, *Armutszeugnis*, in: Blätter für deutsche und internationale Politik 2/2005, S. 135–138.

83 Was auch kein Wunder ist: Lediglich 5,1 Prozent ihres Bruttoinlandsprodukts wendete die Bundesrepublik für Bildung auf, während es im OECD-Durchschnitt 6,1 Prozent sind.

84 Vgl. Annett Mängel, *Deutschland im Bildungstief*, in: Blätter für deutsche und internationale Politik 10/2008, S. 13–17, hier S. 13.

85 Laut der OECD-Studie *Bildung auf einen Blick: OECD-Indikatoren 2008*, Bielefeld 2008.

86 In: Der Spiegel 7/2008.

87 Ralf Dahrendorf, *Gesellschaft und Demokratie in Deutschland*, München 1968 (Erstausgabe 1965), S. 40 f.

88 Der Ökonom Albert O. Hirschman unterscheidet drei Strategien des Handelns: *Exit, Voice, and Loyalty*, so der Titel seines 1970 in Cambridge (Mass.) erschienenen Buches (dt. *Abwanderung und Widerspruch: Reaktionen auf Leistungsabfall bei Unternehmungen, Organisationen und Staaten*, Tübingen 1974).

89 Vgl. sein Buch *Wo Deutschland liegt. Eine Ortsbestimmung*, Hamburg 1983.

90 Das Zitat stammt aus einem Gespräch der Premierministerin mit dem Frauenmagazin Women's Own vom 31. Oktober 1987 (http://briandeer.com/social/thatcher-society.htm).

91 Erschienen in: Frankfurter Hefte 5 (1950), S. 942–954.

92 Georg Picht, *Die deutsche Bildungskatastrophe,* Olten 1964.

93 Karl Jaspers, *Wohin treibt die Bundesrepublik? Tatsachen, Gefahren, Chancen,* München 1966.

94 Daniel Cohn-Bendit/Reinhard Mohr, *1968. Die letzte Revolution, die noch nichts vom Ozonloch wusste,* Berlin 1988.

95 Dennis L. Meadows/Donella H. Meadows, *Die Grenzen des Wachstums. Bericht des Club of Rome zur Lage der Menschheit,* Stuttgart 1973 (engl. Original: *The Limits to Growth,* New York 1972).

96 Klaus Wagenbach, *Aus der Nachnotiz zur Erstausgabe,* in: ders. (Hg.), *Vaterland, Muttersprache. Deutsche Schriftsteller und ihr Staat seit 1945,* Berlin 1979, S. 448.

97 Mit den Worten »Da hört der Dichter auf, da fängt der ganz kleine Pinscher an« diffamierte Ludwig Erhard beim Wirtschaftstag der CDU/CSU in Düsseldorf am 9. Juli 1965 25 deutsche Autoren, unter anderem Rudolf Augstein, Erich Fried und Günter Grass, die ein *Plädoyer für eine neue Regierung* (Rowohlt) veröffentlicht hatten.

98 Vgl. Friedrich Pohlmann, *Der »Historikerstreit« in Deutschland bewertet aus dem Rückblick,* SWR 2 Essay, 23.1.2007, www.swr.de/swr2/programm/sendungen/essay/-/id=1866118/property=download/nid=659852/1gmobfz/swr2-radioart-essay-20070123.rtf.

99 Vgl. das Interview mit Crouch im Spiegel, 4.8.2008, S. 134.

100 Vgl. die Rezension des Buches *Postdemokratie* von Colin Crouch durch Claus Offe unter dem Titel *Wie der Markt die Politik vergiftet,* in: Frankfurter Allgemeine Zeitung, 22.9.2008.

101 Vgl. Norberto Bobbio, *Rechts und Links. Gründe und Bedeutungen einer politischen Unterscheidung,* Berlin 1994.

102 Symptomatisch dafür ist die Tatsache, dass der damalige nordrheinwestfälische Ministerpräsident und spätere Bundeswirtschaftminister Wolfgang Clement (SPD) am 26. April 2000 in einer Rede vor dem »Forum Grundwerte« seiner damaligen Partei »soziale Gerechtigkeit« dergestalt neu definierte, dass man »entweder fortdauernde Arbeitslosigkeit [...] oder mehr gesellschaftliche Ungleichheit« zulassen müsse. Auf diese Weise wird Ungleichheit – als angebliches probates Mittel beim

Kampf gegen die Arbeitslosen –zum erstrebenswerten Zustand. Ganz in diesem Geiste hatte Gerhard Schröder bereits 1995 erklärt: »Es gibt keine linke oder rechte Wirtschaftspolitik, nur eine moderne oder unmoderne.«

103 Paul Nolte, *Paradigma der Deradikalisierung*, in: Frankfurter Allgemeine Lesesaal, 1.9.2008, http://lesesaal.faz.net/wehler/exp_forum_comment.php?rid=15&tid=86.

104 Ebd.

105 Frank Pergande, *Das Angebot der Freiheit*, in: Frankfurter Allgemeine Zeitung, 2.10.2008, S. 1.

106 Dieses Credo wird nach den Anfangsbuchstaben der englischen Wendung auch als TINA-Prinzip bezeichnet.

107 Vgl. Wilhelm Heitmeyer, *Ein Land, zwei Gesellschaften*, in: Die Zeit, 4.12.2008, S. 13.

108 So Jürgen Habermas in einem Brief an seinen Kollegen Kurt Sontheimer. Weiter heißt es darin: »Vor diesem Hintergrund erhält die systematische Suche nach Sympathisanten einen makabren Sinn. Die ›geistig-politische Auseinandersetzung‹ verwandelt sich in dem Maße, wie sie zur Intellektuellenhetze ausartet, zum Versuch, den inneren Feind zu definieren." (zuerst erschienen unter dem Titel *Die Bühne des Terrors*, in: Merkur 31/1977, S. 944–958, dann als *Linke, Terroristen, Sympathisanten. Ein Briefwechsel mit Kurt Sontheimer*, in: Süddeutsche Zeitung, 26./27.11.1977, hier zitiert nach Jürgen Habermas, *Kleine Politische Schriften [I–IV]*, Frankfurt a. M. 1981, S. 398).

109 Udo di Fabio, *Westen muss Westen bleiben*, in: Die Welt, 12.11.2007

110 Vgl. Jürgen Habermas, *Vom Ende der Politik*, a.a.O.

111 Die anhaltende Demokratie- und Menschenrechts-Indifferenz des einstigen Bundeskanzlers und heutigen russischen Handelsvertreters Gerhard Schröder weckt jedoch gewisse Zweifel an dessen einstigen Motiven.

112 Ernst Benda, *Wer stark ist, foltert nicht*, in: Die Welt, 26.7.2004.

113 Vgl. Albrecht von Lucke, *Der Wille zum Wir*, in: Blätter für deutsche und internationale Politik, 7/2006, S. 777–781, hier S. 780.

114 In: Semana (Kolumbien), 9.2.2008.

115 Daschner hatte dem Entführer des Bankierssohns Jakob von Metzler Folter angedroht, um den Aufenthaltsort des Jungen zu erfahren.

Albrecht von Lucke, geboren 1967 in Ingelheim am Rhein, Jurist und Politikwissenschaftler, lebt seit 1989 in Berlin. Er ist Redakteur der Monatszeitschrift Blätter für deutsche und internationale Politik.
In der Reihe Politik bei Wagenbach erschien von ihm *68 oder neues Biedermeier. Der Kampf um die Deutungsmacht.*

Politik bei Wagenbach

Politik bei Wagenbach greift das wiedererwachende Interesse an Politik auf und gibt unabhängigen Köpfen Raum, gesellschaftliche Entwicklungen kritisch zu reflektieren und neue Entwürfe zu denken. Sie wirkt damit der apolitischen Tendenz der postmodernen Gesellschaft entgegen und zeigt, was linke Politik heute bedeuten kann.

In kurzen, prägnanten und gut lesbaren Texten sollen junge und neue Stimmen zu Wort kommen, ebenso wie erfahrene Autoren. Für eine Kultur der Einmischung und der leidenschaftlichen, auch widersprüchlichen Auffassungen. Die Reihe **Politik bei Wagenbach** steht damit in der Tradition der politischen Bücher des Verlages.

Albrecht von Lucke 68 oder neues Biedermeier

Der Kampf um die Deutungsmacht

Was war 68? War es eine »Rebellion, die mehr Werte zerstört hat als das Dritte Reich«? Oder doch die seit ihrer Gründung fällige »Fundamentalliberalisierung der Bundesrepublik«? Albrecht von Lucke fragt danach, wie die 68er als einzige Generation der Bundesrepublik derart wirkmächtig werden konnten und warum aus der Einschätzung von 68 noch immer heftige Deutungsschlachten entstehen.

Originalausgabe. WAT 582. 96 Seiten

Christoph Möllers Demokratie – Zumutungen und Versprechen

Warum leben wir in einer Demokratie? Aus guten Gründen oder aus schlechter Gewohnheit? Warum sind wir von demokratischer Politik so oft enttäuscht? Weil sie versagt oder weil wir uns keine Rechenschaft darüber ablegen, was wir von ihr erwarten können?
Christoph Möllers fordert zu aktivem politischem Denken heraus. Wer ihn liest, muss Position beziehen.

Originalausgabe. WAT 580. 128 Seiten

Paul Ginsborg Wie Demokratie leben

Ausgehend von einem fiktiven Dialog zwischen John Stuart Mill und Karl Marx, stellt sich Ginsborg den notwendigen Fragen der Demokratie heute. Unsere Demokratien – so sein Fazit – müssen dringend reformiert werden, sei es in der Zivilgesellschaft, im Staat oder in der Europäischen Union. Der Krise der Repräsentation und der daraus resultierenden Politikverdrossenheit stellt Ginsborg unorthodoxe Formen der politischen Partizipation der Zivilgesellschaft entgegen.

Aus dem Italienischen von Friederike Hausmann. WAT 581. 128 Seiten

Nilüfer Göle Der Islam in Europa

Gibt es zwangsläufig Konflikt zwischen den Religionen? Ist der Westen wirklich in der Moderne und der Islam in Glauben und Tradition verankert? Oder können Glaube und Moderne im Islam neu zusammenfinden – jenseits von Fundamentalismus und Terrorismus? Die Türkei – so ihre zentrale These – repräsentiert ein anderes Bild des Islam als das, was al-Qaida propagiert oder die Doktrin vom Konflikt der Kulturen behauptet. Sie könnte ein Modell zur Überwindung des Konflikts werden.

Aus dem Französischen von Ursel Schäfer. WAT 598. 160 Seiten

Massimo L. Salvadori Fortschritt

Die Zukunft einer Idee

Salvadori rekonstruiert zunächst die Geschichte der Idee des Fortschritts: die Idee also, politische Macht zu kontrollieren, Gleichheit der Bürger zu garantieren, Bildung und Kultur zugänglich zu machen, materielle und kulturelle Güter gerecht(er) zu verteilen, Wissenschaft und Technik in Dienst zu nehmen. Er analysiert aber nicht nur das Verführerische an dieser Idee, sondern auch die Gründe ihres Scheiterns.

Aus dem Italienischen von Rita Seuss. WAT 600. 128 Seiten

Joscha Schmierer Keine Supermacht, nirgends

Den Westen neu erfinden

Entsteht eine neue Weltordnung? Nach dem Verschwinden des Sowjetimperiums 1989 und dem Erstarken neuer Mächte wie China und Indien entwickeln sich Formen globaler Integration. Joscha Schmierer analysiert die heutige weltpolitische Konstellation in ihrer Entstehung und in ihren Grundzügen. Die Herausforderungen werden skizziert, vor die sich eine europäische Außenpolitik gestellt sieht. Solche Geländekunde ist die Voraussetzung kluger Entscheidungen in Deutschland.

Originalausgabe.WAT 583. 112 Seiten

Politik bei Wagenbach, neu aufgelegt

Flores d'Arcais Die Linke und das Individuum

Ein politisches Pamphlet

Warum sich die Linke nicht an der Zerstörung des Individuums durch die moderne Gesellschaft beteiligen darf. Warum wir nicht zulassen dürfen, dass die Demokratie von der verbreiteten Entpolitisierung und Verantwortungslosigkeit ausgehöhlt wird.

Aus dem Italienischen von Roland H. Wiegenstein. WAT 283. 112 Seiten

Erich Fried Politische Gedichte

Vietnam, Israel, Deutschland

Das große Geschenk Frieds an die deutsche Literatur: die Wiedergewinnung des durch die Nazis vergifteten Bodens für das politische Gedicht. Vorzüglich ausgewählt von Christoph Buchwald werden die wichtigsten Gedichte vorgestellt, insbesondere die sogenannten ›umstrittenen‹ wie *Höre Israel, Die Anfrage* oder die *Vietnamgedichte.*

Neu zusammengestellt, kommentiert und mit einem Nachwort von Christoph Buchwald. WAT 584. 96 Seiten

Ulrike Marie Meinhof Die Würde des Menschen ist antastbar

Aufsätze und Polemiken

Entschiedener Journalismus, der nicht vor den Höhen der Macht skandiert, sondern politischen Widerspruch aufzufinden versteht, und zugleich ein Abriss deutscher Nachkriegsgeschichte: die Analyse der Unfähigkeit der Verarbeitung des Nazismus und die eilige Rekonstruktion der Macht, die Beschreibung des Verkümmerns der Demokratie am Fall des Einzelnen – seine Würde wird antastbar.

Mit einem Nachwort von Klaus Wagenbach. WAT 491. 192 Seiten

Peter Brückner Ungehorsam als Tugend

Zivilcourage, Vorurteil, Mitläufer

Die politisch-psychologischen Analysen Brückners sind nicht nur ein Dokument für die Streitbarkeit der 68er. Diese Auswahl der wichtigsten Texte zeigt, dass Brückners Positionen durch ihre beintellektuelle Schärfe heute noch aktuell sind, insbesondere durch ihre Themen: Vorurteil, Mitläufertum, Zivilcourage, Gehorsam.

Mit einem Vorwort von Barbara Sichtermann. WAT 585. 144 Seiten

Weitere politische Bücher bei Wagenbach

Victor Zaslavsky Klassensäuberung

Das Massaker von Katyn

Die kühle und schockierende Analyse eines stalinistischen Massenmordes: Während der Perestroika mühsam zugegeben, wurden die Archive unter Putin wieder geschlossen, mit der Begründung, »eine demographische Motivation hat es nicht gegeben.«

Zaslavskys präziser und gut lesbarer Analyse sind viele Leser zu wünschen.

Rudolph Walter, Die ZEIT

Aus dem Italienischen von Rita Seuss. WAT 579. 144 Seiten

Immanuel Wallerstein Die Barbarei der anderen

Europäischer Universalismus

Die europäisch geprägten westlichen Mächte gehen seit jeher von der globalen Geltung ihrer Grundsätze aus. Sie betrachten es als ihr Recht, in anderen Regionen der Welt zu intervenieren und den dort lebenden Menschen ein Leben nach den Maßstäben der abendländischen Kultur zu vermitteln. War es seinerzeit Christianisierung, die dem europäischen Eifer als Deckmantel diente, ist es heute der Anspruch, Demokratie und Menschenrechte zu verbreiten.

Aus dem amerikanischen Englisch von Jürgen Pelzer. Deutsche Erstausgabe
WAT 554. 112 Seiten